LETTRES

D'UN

CADET DE GASCOGNE

SOUS LOUIS XIV

FRANÇOIS DE SARRAMÉA

CAPITAINE AU RÉGIMENT DE LANGUEDOC

PUBLIÉES POUR LA SOCIÉTÉ HISTORIQUE DE GASCOGNE

PAR

FRANÇOIS ABBADIE

ANCIEN MAGISTRAT

PARIS
HONORÉ CHAMPION
ÉDITEUR
9, quai Voltaire, 9

AUCH
COCHARAUX FRÈRES
IMPRIMEURS
11, rue de Lorraine, 11

M DCCC XC

ARCHIVES HISTORIQUES

DE LA GASCOGNE

FASCICULE VINGT ET UNIÈME

LETTRES D'UN CADET DE GASCOGNE

PAR FRANÇOIS ABBADIE

INTRODUCTION.

La forme épistolaire, très fugitive et très personnelle de sa nature, n'ayant le plus souvent d'autre valeur que celle qu'elle emprunte à l'individualité même de l'écrivain, on comprendra que nous ayons longtemps hésité à exhumer de l'obscurité, où elle sommeillait depuis bientôt deux cents ans, la correspondance que nous nous décidons à publier aujourd'hui.

Elle n'émane, en effet, ni d'un lettré, ni d'un homme de cour, ni d'un philosophe, ni d'un gagneur de batailles. Adressée par un soldat à son père ou à quelque autre parent, elle a surtout un caractère familial, et les menus faits de l'existence privée y tiennent forcément une large place à côté des événements auxquels l'auteur a pris sa modeste part. Mais ces menus faits, en nous initiant aux réalités de la vie d'autrefois, nous aident à mieux connaître l'époque et les hommes. Les guerres, les traités, les institutions administratives, la politique des gouvernements, ne sont pas l'unique objet des annales d'un peuple : l'étude de l'individu et de la famille réclame plus que jamais sa place dans le champ de l'histoire. C'est pourquoi les mémoires des hommes d'État et des grands seigneurs ne sont pas la seule source où puise l'érudition moderne, elle s'adresse aussi et de préférence peut-être à cette foule variée de documents intimes, de témoignages involontaires où se reflète l'expression plus spontanée et plus vraie de la vie nationale. Est-il besoin de rappeler à ce sujet les précieux renseignements fournis par les *Livres de Famille*, sur les mœurs privées, sur les pratiques morales et économiques des diverses classes de la société et principalement des classes moyennes dans l'ancienne France ?

Quelques-uns de nos amis ont pensé que la correspondance que nous mettons au jour se rattachait à la modeste mais utile catégorie de documents que nous venons d'indiquer; que des aperçus généraux sur les coutumes domestiques et sur les choses militaires du temps se dégageaient du fonds particulier de ces vieilles pages, humbles contemporaines des grandes chroniques de la fin du règne de Louis XIV; que même par plus d'un détail du domaine proprement dit de l'histoire, elles intéresseraient le lecteur au delà du cercle étroit de la famille et mériteraient un rang honorable dans notre bibliographie gasconne, non loin, sinon tout à fait à côté, des *Mémoires* de Jean d'Antras et des *Petits Mémoires* de Germain d'Antin. Si le lecteur ratifiait ce sentiment, nos espérances seraient assurément dépassées. Quoi qu'il en soit, nous nous sommes dit que la Gascogne était une famille aussi où les Lettres d'un Cadet de Gascogne seraient reçues au moins avec sympathie; c'était assez pour nous déterminer à les livrer au public et à lui en présenter l'auteur.

François de Sarraméa naquit, le 21 juillet 1677, à Bonrepaux ou Bonrepos (1), en Rivière-Verdun, aujourd'hui Bourrepaux, canton de Galan (Hautes-Pyrénées), mais la résidence patrimoniale de la famille était Sarraméa (2), en Nébouzan.

Le château de Sarraméa, situé à la pointe d'une des hautes collines qui s'embranchent au plateau de Lannemezan et s'abaissent vers les plaines de la Bigorre, fut détruit par les flammes en 1781. La motte féodale qui abritait ses murs existe encore et commande à l'ouest la vallée de l'Arros, tandis que le regard s'étend, au midi, vers les Pyrénées et le paysage mouvementé des Baronnies que domine le donjon de Mauvezin; au nord, vers le côteau de Lutilhous; au levant, vers les landes de Lannemezan. Cette belle redoute, élevée à l'extrémité occidentale du Nébouzan, se reliait autrefois évidemment à l'ensemble des fortifications que les comtes Bigorrais avaient accumulées de ce côté de leurs frontières contre leurs ennemis de l'est, les Armagnacs, les Commingeois, les Aragonais.

A l'époque moins reculée de la possession de Sarraméa par les ancêtres de notre auteur, c'est-à-dire pendant le seizième siècle et au commencement du dix-septième, ce coin un peu sauvage des Pyrénées ne différait guère de ce qu'il avait été jadis. Ce n'est pas qu'on ne pût le traverser sans se tenir,

(1) *Beata Maria de bono repastu* ou *bona requie*. Pouillé des bénéfices du diocèse de Tarbes. (Voir *Souvenir de la Bigorre*, t. III, p. 93.) Bonrepos, par dégénérescence patoise, est devenu de nos jours Bourrepaux (Bourepaous). Nous adopterons la forme Bonrepaux comme la plus généralement usitée au dix-septième siècle.

(2) Section de la commune de Péré, canton de Tournay (Hautes-Pyrénées).

comme Froissart, « pour perdu ou en très-grand « aventure », mais il faut reconnaître que les gentils-hommes, dans ce pays des Tilhouse et des Sarlabous, ne dépouillaient jamais complètement les habitudes de chefs de bande ; élevés au milieu du tumulte des guerres de religion, ils en portaient souvent les rudes allures dans les rapports de la vie privée. Les luttes de château à château, les invasions à main armée, n'étaient pas absolument hors de mode, et dans maint procès de famille le jugement par bataille devança plus d'une fois la justice boiteuse apparemment de la Cour de Parlement de Toulouse. Ces excès, quoique souvent suivis de raccommodements solennisés par transactions devant notaire et même par mariages, n'en dénotent pas moins un état social plus voisin de la semi-barbarie du moyen âge que des mœurs policées du grand siècle. Autant toutefois qu'on en peut juger par les apparences, les Sarraméa ne méritèrent pas au même degré ce reproche. Quelques-uns parmi eux portèrent le froc, d'autres l'épée, d'autres enfin se contentèrent de vivre obscurément dans leurs terres, à la façon du gentilhomme champêtre de Cyrano de Bergerac, ce « prince inconnu « qui n'entend parler du Roy qu'une fois dans l'année « et ne le connoit que par quelque vieux cousinage ». Nous allons les mentionner dans leur ordre généalogique, non seulement pour indiquer les origines de notre auteur, mais surtout pour marquer le milieu de famille où il naquit et mettre d'ores et déjà le lecteur en relation avec certains personnages de ce milieu, qui seront nommés ou désignés dans les Lettres.

II.

I. Jean de Darré, qui, d'après une vieille généalogie (1), paraît avoir été le premier de ce nom, seigneur de Sarraméa, mourut en 1530, laissant deux fils :

1° Jean, qui continua la descendance ;
2° François (2).

II. Jean de Darré, IIme du nom, rendit hommage pour la terre de Sarraméa, en 1549, à Saint-Gaudens, « dans la maison de Mr l'Evesque de Cominge, en lad. « ville, » devant « illustre et révérend père en Dieu « messire Jacques de Foix, evesque de Lescar, abbé « de Foix et de La Reaulle, chan[celli]er de Foix et « Béarn, premier grand aulmosnier et lieuten[an]t

(1) Archives particulières de feue madame Abbadie, née de Sarraméa, que nous désignerons sous la mention : *Papiers de famille.*

(2) I. François de Darré de Sarraméa épousa Marguerite d'Arcizas, héritière de Nestier. Les pactes de leur mariage sont de l'année 1555. Ils eurent un fils et trois filles : 1° Bernard, qui suit ; 2° Miramonde ; 3° Marguerite ; 4° Claude, mariée à Jean Decombs, notaire royal de Begolle, d'où sont issus plus tard les Decombs du Gela, voir *Lettres*, n° I, p. 3, note 5. — C'est ce François de Darré qui figure sans doute comme présent à la remise de la ville de Tournay entre les mains des consuls par Gaston de Baretge, seigneur de Bulan, en 1587. (Voir Larcher, *Glanage*, t. I, p. 80, et les *Huguenots en Bigorre*, fascicule quatrième des *Archives historiques de la Gascogne*, p. 238.)

II. Bernard de Darré épousa, en 1599, Catherine de Barège de Lutilhous. (Voir Larcher, *Glanage*, I, p. 86.) Il mourut sans enfants. Par son testament du 20 octobre 1610, il institue héritier Bernard de Darré, son neveu et filleul, fils d'autre Bernard de Darré, sieur de Lanespède, et lègue à Catherine de Barège, sa femme, cinq mille livres. (*Factum du procez d'entre Bernard de Darré, sieur de Sarraméa, etc., contre Jacques Decombs, fils et soy-disant donataire de damoyselle Claude de Darré, sa mère.* Imprimé. *Papiers de famille.*) Il lègue en outre à l'abbaye de l'Escaledieu une maison sise à Bagnères, à titre d'obit perpétuel pour le repos de son âme et à la condition d'avoir sa sépulture dans la chapelle conventuelle où il fut en effet enterré. (*Papiers de famille*, pièces diverses. — Archives des Hautes-Pyrénées, *Abbaye de l'Escaledieu*, H. 41.) Catherine de Barège se remaria avec Raymond de Poussin, sieur de Marsas.

« général en toutes les terres et seig[neu]ries de très-« haut et très-puissant seigneur Henry par la grâce « de Dieu Roy de Navarre, vicomte de Nébouzan ».

Il eut pour témoins nobles Bertrand de Barège, seigneur de Tilhouze, et Odet de Cardeilhac, seigneur de Sarlabous. (« *Extraict d'un petit cayer de papier « qui est au trésor de Nérac, contenant les homaiges « faicts en l'année mil cinq cent quarante-neuf, par-« devant Mr l'Evesque de Lescar, commiss[ai]re à « ces fins depputté, par les nobles du vicomté de « Nebouzan*, etc. » *Papiers de Famille.)*

Il épousa, en 1560, Marguerite de Poussin-Marsas, fille de Bernard de Poussin, seigneur de Marsas, dont il eut :

1° Bernard, qui continue la descendance ;
2° François, chef de la branche de Montaredon ou d'Ardiège (1) ;
3° Arnaud, marié à Françoise d'Asson (2) ;

(1) II. François DE SARRAMÉA, seigneur de Montaredon, épousa Catherine de Pardeilhan, en 1606, d'où : 1° Louis, qui suit ; 2° Bernard, qui fut abbé de Rivet, dans le diocèse de Bazas ; 3° Alexandre, qui fut prieur de l'Escaledieu.

III. Louis DE SARRAMÉA-MONTAREDON fut marié à Jeanne d'Ustou. Ils eurent : 1° Guilhaume, qui suit ; 2° N...., prêtre. (Voir *Lettres*, n° XX.)

IV. Guillaume, né le 10 août 1665, à Ardiège, capitaine dans le régiment de la Reine, se maria avec Magdelaine d'Aure, dont il eut trois enfants : 1° Paul, qui suit ; 2° Louis ; 3° François. Il mourut de ses blessures à l'armée, en 1703. (Voir *Lettres*, n° XX.)

V. Paul fut capitaine de milice. Il épousa Catherine de Cartier et eut Guilhaume, en qui s'éteignit probablement la descendance.

(2). II. Arnaud DE DARRÉ, épousa, en 1609, Françoise d'Asson, sœur cadette de Louise, mariée à Bernard, en 1596. Ils n'eurent qu'un fils : Jean-Jacques.

III. Jean-Jacques DE DARRÉ, seigneur de Sarraméa, maréchal des logis des gens d'armes du prince de Condé, étant à « Montréal » (Montrejeau), le lundi 5 novembre 1629, se rendant à l'armée pour le service de Sa Majesté, fait son testament où il « dict que dammoisselle Fransoise Dasson, sa mère, se seroit « remariée sur ses biens, sans son gré, avec noble Carbon de Baretge, duquel il « a ressu une infinitté de desplaisirs, toutesffois, pour randre le deboir qu'il « doigt à sa mère, luy lègue la somme de cinq cens libres tournoises. » (Testament de J.-J. de Darré, *Papiers de famille.*) Il mourut probablement à l'armée, sans descendance.

4° Jacques, prieur de l'abbaye de l'Escaledieu ;
5° Jean, sieur de Baradat, nommé dans les pactes de mariage de son neveu Bernard, en 1629, et qui fut curé de Lanespède ;
6° Anne, mariée à Pierre de Mont, écuyer, seigneur de Buros et Saint-Sernin, capitaine-gouverneur de Bagnères, par commission du marquis de Villars, en date du 8 décembre 1592. (Abbé de Vergés, v° *Mont*) ;
7° Marguerite, mariée à noble Bertrand de Gajan. (Test. de J.-J. de Darré) ;
8° Louise, mariée à noble Bertrand de Peyramilha. (*Ibid.*)

III. Bernard DE DARRÉ, seigneur de Sarraméa et de Lanespède, épousa, le 18 janvier 1596, Louise d'Asson d'Argelès, fille de Germain et de Gabrielle de Maigné de Sallenave. (Abbé de Vergès, v° *Sarraméa.*)

De cette union :

1° Bernard, qui suit ;
2° François, qui continua la branche de Lanespède (1) ;
3° Jean, nommé dans le contrat de mariage de Bernard, son frère, en 1629, et qui fut docteur en Sorbonne ;
4° Françoise, mariée à noble Laurent de Begou. (*Papiers de famille*, liasse Begou.)
5° Catherine, mariée, en 1625, à Arnaud d'Abbadie, sieur de Clarac. (Voir *Sommaire description du païs et comté de Bigorre*, publiée par M. Gaston Balencie, note 1, p. 142.)

IV. Bernard DE DARRÉ, IIme du nom, épousa Catherine de Martin, fille de Dominique Martin (2), docteur ès droits, lieutenant principal et magistrat royal en

(1) III. François DE SARRAMÉA-LANESPÈDE, capitaine en chef d'une compagnie au régiment de Saintonge (comm. du 17 novembre 1635), épousa Brigitte de La Marque, dont il eut un fils nommé Jean.

IV. Jean DE LANESPÈDE contracta mariage avec Marguerite de Montsérié, pactes retenus par Laferrière, notaire de Labarthe, le 20 septembre 1676. Ils eurent cinq enfants : 1° Alexandre, capitaine au régiment de Picardie ; 2° autre Alexandre, garde du Roi ; 3° François, garde du Roi ; 4° autre François; 5° Jean, qui épousa Josèphe d'Asson d'Argelès. (Fragment de généalogie de la famille de Lanespède.)

(2) Ce Dominique Martin est cité par dom Brugèles comme fondateur de la chapellenie de Saint-Martin-de-Galan, « à la nomination des consuls de Galan,

la jugerie de Rivière, siège de Galan, et de Marie de Mercier, de Béziers.

Dans le contrat passé à Bonrepaux, le 10 juin 1629, notons l'assistance : « de Françoys de Lanes-« pède, sieur dudit lieu, et Jean de Lanespède, frères ; « de noble Jean de Sarraméa, sieur de Baradat, oncle « paternel de l'époux, de noble Jean de Mont, sieur « de Buros, de noble Arnaud d'Abbadie, sieur de « Clarac, etc. »

Catherine de Martin apporta à la Maison de Sarraméa la terre de Bonrepaux.

« et collation de M. l'Archevêque. » (*Chronique ecclésiastique du diocèse d'Auch*, IIIe partie, p. 415.) Mais la mention de dom Brugèles a besoin d'être complétée et en partie rectifiée. L'obit fondé par M. Martin eut surtout pour but l'institution d'une messe matutinale à Galan, ainsi que le porte la clause de son testament en date du 24 février 1615. « Item je lègue huict cens livres de fons « pour du revenu de lad. somme q[ui] sera cinquante livres au denier setze « faire dire environ le soleil levant une messe matutinalle à perpetuitté en « l'esglise parroissialle Mr Saint-Julien en la ville de Galan tous les jours quy « soict festes de comandemens au dioceze d'Aux affin que les pasteurs ou. . . . . « voire tous autres puissent lesd. jours comodement satisffaire au coman-« demen de l'esglise d'ouïr la messe lesd. jours de festes de comandemens, et « pour dire ladicte messe y sera pourveu d'ung prêtre suffizant et capable au « jugement des consuls de lad. ville et ce après mon décès, lesquels consuls « seront commis patrons de lad. fonda[t]ion sans qu'il failhe avoir d'autre tiltre « du superieur sy ce n'est la nomina[t]ion que lesd. consuls en feront ; par « vaca[t]ion advenant par la mort dud. prêtre ou autrement ceulx quy se « trouveront lors consuls dud. Galan en feront lad. nomina[t]ion ou colla[t]ion « gratis et sur peyne de simonie, avec charge expresse que led. prêtre sera tenu « de faire comémoration en la messe pour mon âme ou de ceulx pour quy je « vouldrois ou suis tenu. Et oultre ce led. prêtre sera tenu les dimanches de « faire ung petit prosne contenant les festes et mandements de la sepmaine « suivante, le récit du Pater, de l'Ave Maria, du Credo et des comandemens de « Dieu et de l'Esglise, et quelques foix recomandera aux assistans de prier Dieu « pour l'âme du fondateur de lad. messe matutinalle. Que sy led. prêtre par « connivance desd. consuls ou autremen, cesse de dire lad. messe suivant la « forme cy dessus presenptée, tant lesd. huict cens livres comme le revenu « d'icelles est baillé puremen et simple[ment] dès à p[rése]nt comme pour lors « à l'ospital de Monsieur Saint-Jacques de Sensubran en Th[ou]louze. » (Orig. en parchemin de la quittance de 800 livres, montant de la fondation de Mr Martin, délivrée à la demoiselle de Mercyer, sa veuve, par les consuls de Galan, le 25 juillet 1619. *Papiers de famille.*)

Elle donna le jour à neuf enfants qui sont :

1° François, marié à Marie de Cardeilhac dont il n'eut qu'un fils en qui s'éteignit sa descendance (1) ;
2° Simon, qui suit ;
3° Jacques, docteur en théologie, curé de Bonnefont, puis de Bonrepaux, et archiprêtre [archidiacre] des Angles, d'après son testament en date du 24 juillet 1721, mort à Bonrepaux le 15 août 1722 ;
4° Bertrand, religieux capucin définiteur de son ordre, connu sous le nom de père Augustin. Il fut lié d'amitié avec le P. Séraphin, prédicateur de la cour, dont les sermons, « qui étoient fort à la « capucine », dit Saint-Simon, plaisaient fort au Roi ;
5° Jean, nommé dans le contrat de mariage de son frère Simon en 1671, et qui sous le nom de Saint-Roman ou Saint-Arroman-Sarraméa fut successivement lieutenant dans le régiment de Champagne (lettre du Roi au capitaine Verduzan, de Saint-Germain-en-Laye, le 26 janvier 1673), capitaine dans le régiment de la Marine (commiss. du 12 août 1675) et capitaine dans le régiment de Vivonne (lettre du Roi au duc de Vivonne, de Saint-Germain-en-Laye, le 14 octobre 1679) (*Papiers de famille*) ;
6° Jacqueline, mariée à Léonard de Lamarque, seigneur de Montaut, ancien capitaine au régiment de Bougy (*Papiers de famille*, liasse Lamarque) ;
7° Marie, mariée à noble Jean-Louis de Segure, décédée à Bonrepaux, âgée de 83 ans, le 20 avril 1716 (Arch. mun. de Bonrepaux, *Reg. paroiss.*) ;
8° Anne, mariée à Jean de Boussès, sieur de Lagrange, de Bonrepaux, contrat du 11 juin 1658 (*Papiers de famille*, et Larcher, *Glanage*, t. XXI, p. 216 et suiv.) ;
9° Brigitte, religieuse clarisse à Castelnau-Magnoac. (V. *Revue de Gascogne*, t. XXV, p. 105.)

Bernard de Darré testa, le 31 mars 1648, par-devant Lassalle, notaire de Galan, en présence de Louis de Darré de Montaredon, son cousin germain, de Laurent de Begou, son beau-frère, et de Bertrand de Gajan, son oncle par alliance. Il institua héritier

(1) IV. François DE DARRÉ, seigneur de Sarraméa, épousa Marie de Cardeilhac, de Mauvezin en 1662. Ils eurent Jean qui suit.
V. Jean fut lieutenant dans le régiment de Picardie où il mourut en 1691.

général et universel de la moitié de ses biens noble François de Darré, son premier fils, et à son défaut Simon, le cadet. Il mourut peu de jours après. Plus tard les deux frères, de l'avis et consentement de « damoyselle de Martin, leur très honorée mère, et de « leurs parents bas signez, » passèrent une convention d'après laquelle François, l'aîné, se démit de toutes prétentions sur les biens composant l'hérédité éventuelle de sa mère, « situés aux lieux de Bonrepaux, « Puydarieux, Galaès ou autres, » à la charge par Simon de payer les légitimes des autres frères et sœurs, et Simon à son tour renonça à tous ses droits sur les biens de son père « situés en ladite seigneurie « de Saraméa, Ricau, Lanespède, Péré, Castera ou « autres », sous réserve, en cas de déshérence, du bénéfice de la substitution exprimée en sa faveur dans le testament de son dit père. Cet accord de famille, sans date, est signé : « de Martin, Saraméa « (François), Saraméa (Simon), B. Saraméa, abbé de « Rivet ; Montaredon, prieur de l'Escaledieu ; Mon- « testruc de Castelbajac ; de Mont ; Montaredon « (Louis) ; Lanespède ; Molère ; Lagrange ; Sara- « méa ». Il fut converti en acte public le 18 septembre 1684. La clause de substitution en faveur de Simon eut son effet par suite du décès sans postérité de Jean, fils unique de François et de Marie de Cardeilhac, en 1691. (*Papiers de famille.*)

V. Simon DE SARRAMÉA, seigneur d'Orieux, fit probablement ses premières armes comme garde de la compagnie du duc d'Épernon. (V. *Lettres*, n° XXXIV.)

Il fut, dans la suite, lieutenant au régiment de

Royal-Vaisseaux. (Commission du 20 novembre 1667.) Il épousa, en 1671, Catherine de Barège de Tilhouse, fille de François de Barège et de Catherine d'Abbadie de Livron.

Parmi les assistants aux pactes de mariage conclus en la maison seigneuriale de Tilhouse, le 15 février 1671, figurent du côté de l'époux : « Messire Louis-« Henry de Gondrin, Antin et autres places, m^{re} Jean « de Castets, prêtre docteur en saincte théologie et « curé du lieu de Clarens, Me Jacques de Sarraméa, « prêtre, bachelier en théologie et curé de Bonnefont, « noble Jean de Sarraméa, ses frères, noble Jean de « Boussès, sieur de Lagrange, son beau-frère, noble « Jean de Sarraméa, sieur de Lanespède, son cousin, « noble Léonard de Lamarque, sieur de Montaud, « son beau-frère ; le sieur Jean de Pérès, sieur de « Sarrelongue, son cousin germain ; noble Louis de « Sarraméa sieur de Montarredon, son cousin, et « autres ses parents et amis ; » et du côté de l'épouse : « messire Alexandre de Cardeilhac et de Mun, sei-« gneur de Sarlabous, m^{re} Bernard de Cardeilhac, prê-« tre, docteur en saincte théologie et archiprêtre du « lieu de Campistrous, noble François Dupac, Louis « de Cardeilhac et autres, ses plus proches parents et « amis. »

Simon de Sarraméa acquit, le 16 novembre 1691, de Bernard-Louis de Durfort, baron de Sabarros, la seigneurie d'Orieux en Bigorre, et prit à partir de cette époque le titre de seigneur d'Orieux ou Aurieux.

Sept enfants naquirent de son mariage avec Catherine de Barège :

1° Catherine, née le 7 mai 1673, morte en bas âge (Arch. mun. de Bonrepaux, *Reg. paroiss.*);
2° François, qui suit (*Ibid.*);
3° Louyse, née le 26 septembre 1679 (*Ibid.*);
4° Anne, née le 25 octobre 1682 (*Ibid.*);
5° Jeanne, née le 8 mai 1685 (*Ibid.*);
6° Alexandre, né le 22 janvier 1689, mort en bas âge (*Ibid.*);
7° Marie, née le 26 octobre 1695 (*Ibid.*)

VI. François DE SARRAMÉA, seigneur d'Orieux, né à Bonrepaux, le 21 juillet 1677, est l'auteur des lettres qui vont suivre et qui feront suffisamment connaître ses états de service dans le régiment de Languedoc, où, après avoir successivement passé par les degrés, il devint capitaine le 4 juillet 1703, et major le 11 janvier 1735. Chevalier de Saint-Louis de la promotion du 20 septembre 1714, il avait prêté serment en cette qualité entre les mains du Roi, à Versailles, le 24 avril 1715.

Il épousa, le 9 février 1724, Catherine-Josèphe d'Asson d'Argelès, fille de Jean-François d'Asson, seigneur d'Argelès, Chelle, Castillon, Betes, Esconets, et des maisons nobles de Baredge et Arras, situées dans la ville et juridiction de Bagnères, et de Marguerite de Saint-Pastou-Bonrepaux. Signés au bas des articles de mariage, rédigés en forme de sous-seing privé, au château de Chelle, le 7 février 1723 : « Saraméa, Catherine-Josèphe d'Asson, Argelez, « M. de Bourrepaus, Castilhon d'Argelez, Lutilhous, « Montaredon, Estansan, Lagrange, Junca de Durfort, Daries, Brusaut, curé, Lartigolle, Castelbajac, « Coussan de Gonnès. »

De ce mariage naquit un fils unique :

François-Joseph.

VII. François-Joseph DE SARRAMÉA, né le 9 novembre 1726, épousa, le 28 novembre 1747, Anne-Françoise de Verthamon, fille de Jean-Baptiste-François de Verthamon, comte de Villemenon, conseiller du Roi en tous ses conseils, maître des requêtes ordinaire de son hôtel, et de Marie-Claudine de Valentiniers. (Arch. mun. de Bonrepaux, *Registres paroiss.*)

De ce mariage :

1° Jean-Baptiste-Joseph, qui suit (*Ibid.*);
2° Michelle-Josèphe, baptisée, le 18 mai 1751, à Bonrepaux. Parrain : Michel de Verthamon, évêque de Montauban (*Ibid.*);
3° Jean-François, baptisé le 18 février 1757. Parrain : messire Jean du Haget, lieutenant de nos seigneurs maréchaux de France, seigneur de Libaros et autres places. (*Ibid.*)

VIII. Jean-Baptiste-Joseph DE SARRAMÉA, né le 20 octobre 1748, contracta mariage avec Rose de Saillan, acte retenu par Tarissan, notaire de Labarthe, le 24 avril 1769, d'où :

1° Marie-Anne-Françoise-Josèphe, née le 10 mai 1770;
2° Magdelaine-Françoise, née le 11 juillet 1771;
3° Catherine-Josèphe, née le 16 août 1772;
4° Josèphe, née le 6 février 1775;
5° Anne-Françoise, née le 20 août 1777;
6° François-Hilaire, qui suit;
7° César-Auguste-Guillaume-Suzanne, né le 23 février 1782.

IX. François-Hilaire DE SARRAMÉA, né le 7 mars 1780, épousa le 1er juin 1807, à Vic-Bigorre, Joséphine de Labordenne. Ils eurent deux filles :

1° Dominiquette-Madeleine-Jeanne, qui suit;
2° Marie-Anne-Josèphe-Suzanne, mariée au docteur Lamathe.

X. Dominiquette-Madeleine-Jeanne DE SARRAMÉA, dernière du nom, décédée à Bonrepaux, le 28 février 1884, avait épousé, le 22 mai 1832, M. Arnaud Abbadie, décédé lui-même à Bonrepaux, le 24 mars 1870, Conseiller honoraire à la Cour d'appel de Pau, membre du Conseil général des Hautes-Pyrénées, chevalier de la Légion d'honneur.

III.

Revenons maintenant à François de Sarraméa. A peine âgé de 16 ans, il servait comme sous-lieutenant dans le régiment de Languedoc, commandé par le marquis d'Antin. La personne du colonel explique le choix du régiment. Le marquis d'Antin avait passé sa première jeunesse à Bonnefont, sous la direction d'un prêtre éminent, l'abbé Anselme: « Mon père, « dit-il dans ses Mémoires, me mena en Guyenne à « l'âge de deux ans; il me mena en Espagne deux « ans après, où il demeura cinq ou six mois; de là il « revint en Guyenne, dans son château de Bonnefont, « où il me fit élever avec grand soin : il mit auprès « de moi un jeune homme qui s'est trouvé dans la « suite un excellent sujet auquel j'ay toutes les obli- « gations imaginables. » L'inscription suivante, gravée encore sur une des cloches de l'église de Bonnefont, se rapporte au premier séjour de M. de Montespan et de son fils : PARIN : MESSIRE LOUIS-ANTHOINE DE PARDEILHAN DE GONDRIN, FILS DE MESSIRE HAUT ET PUISSANT SEIGNEUR LOUIS-HENRY DE PARDEILHAN DE GONDRIN, MARQUIS DE MONTESPAN. — HAUTE DAME

FRANÇOISE-DIANE ROCHOCHOAR DE MORTAMAR, MARQUISE DE MONTESPAN, SES PÈRE ET MÈRE. LEQUEL EST AAGÉ DE DEUX ANS ET HUICT MOIS. AMEN. 1668.

Jacques de Sarraméa, oncle de notre officier, occupait vers cette époque la cure de Bonnefont; circonstance qui jointe à celle du voisinage avait amené de fréquents rapports entre le manoir de Bonrepaux et le château de Bonnefont, situés à deux lieues seulement l'un de l'autre. Ces rapports, qu'attestent la présence de M. de Montespan au contrat de mariage de Simon de Sarraméa et de Catherine de Barège, à Tilhouse, le 15 février 1671, se continuèrent toujours dans la suite.

Entré au régiment sous l'amical patronage de son colonel, Sarraméa y servit près de cinquante ans, presque toujours à la guerre où il termina probablement ses jours, car son acte de décès est le seul qui fasse défaut à son état civil.

Malgré les lacunes inévitables que le temps a faites dans le recueil de sa correspondance, il présente, tel que la piété filiale nous l'a transmis, une série de faits faciles à relier historiquement les uns aux autres, et de noms de famille en qui revit une partie de la génération militaire de notre province à la fin du grand siècle, particulièrement pendant la guerre de la Succession d'Espagne.

Nous n'avons cru devoir rien ou presque rien retrancher des lettres dont il se compose. Que le lecteur en excuse les détails familiers inhérents à leur caractère intime pour n'écouter que le récit posthume des combats, des fatigues, des petites misères même d'un de ces enfants du pays qui luttèrent toute leur vie pour le *Rhin français* et dont plusieurs, ensevelis alors dans la patrie victorieuse, dorment maintenant exilés aussi le long du *Rhin allemand*, à côté des héros malheureux de Forbach et de Frœtzwiller.

Leur tour spontané, naturel et vrai, fait d'ailleurs le principal mérite de ces missives tracées à la hâte, souvent sous la tente, quelquefois la veille ou le lendemain d'un combat, toujours impatiemment attendues par le père, la mère, les sœurs aimées, et où après bientôt deux siècles on sent sous la langue sobre de l'époque vibrer encore le cœur dévoué du fils de famille et l'âme forte du soldat. Elles embrassent une période de 28 années, passées presque sans interruption par l'auteur aux avant-postes de Flandre ou d'Allemagne, en compagnie de bon nombre de gascons officiers comme lui dans Languedoc ou répandus dans Navarre, Touraine, Picardie, Champagne, La Marine, tous ces vieux régiments dont l'histoire est faite de souvenirs d'honneur et de bravoure.

Noble histoire, en effet, que celle de ces vaillants gentilshommes qui, soldats à quinze ans, passaient de l'école à la tranchée, avertis par d'austères traditions que l'oisive jeunesse dépare le foyer domestique, que les privilèges se paient avec le sang, que la noblesse vit d'honneur et que l'honneur se retrempe dans le sacrifice; que Dieu, pour parler comme le brave Montluc, les avait fait naître pour porter les armes, pour servir leur prince, « et non pas pour courre le « lièvre et faire l'amour. » Et tandis que le vieux père gardait la maison et les champs, ils partaient eux pour les champs de bataille d'où plus d'un ne revenait pas.

Les plaisirs de l'hiver, les soins du recrutement, l'espoir souvent déçu d'une pension attiraient chaque année à Versailles ceux que la mousquetade avait épargnés pendant la campagne. Ils y étaient choyés, fêtés, fort à la mode, nous apprend ce personnage de Regnard, qui déclare qu'on ne saurait plaire aux femmes de son temps « si l'on ne revient de Flandre « ou d'Allemagne et si l'on ne rapporte à leurs pieds « un cœur tout persillé de poudre à canon. » Quand cependant la durée du congé le permettait, toute séduction mondaine cédait au bonheur de revoir le pays natal, et là-bas, sur les bords de la Baïse ou de l'Adour, ou tout au pied des Pyrénées, la gentilhommière paternelle, aux vieux souvenirs, aux saines affections. Quelle joie d'y retremper à la fois sa santé, son courage et sa bourse ! Quelles délicieuses veillées, pleines de récits égayants ou terribles qui faisaient tour à tour rire et pleurer les petites sœurs ! Entre temps on remontait son équipage, on remplaçait les chevaux fourbus, on renouvelait le matériel de campagne, on faisait quelques soldats pour réparer les trouées de la mort ou de la désertion, enfin on se tenait prêt à reprendre au printemps le chemin de la frontière et son rang devant l'ennemi.

Tout cela n'allait pas sans grande dépense ; tel était encore en effet le mode de formation des armées de troupe réglée, que chaque capitaine fournissait ses hommes. Le recrutement était son œuvre propre ; il devait l'effectuer à ses frais, y compris l'habillement. L'État ne prenait à sa charge que la solde et la subsistance.

Que l'on ajoute à cela l'équipage, comprenant les

chevaux de monture et de bât, les ustensiles de ménage et de campement, les valets, rigoureusement tenus en dehors de l'effectif et qui n'avaient pas « le pain du Roi », toute une suite enfin, petite ou grande, selon la fortune ou le grade de l'officier et exclusivement à son compte, on se fera facilement une idée de ce que coûtait alors le simple commandement d'une compagnie.

Aussi ne faut-il pas s'étonner si les embarras d'argent reviennent souvent dans nos lettres. Bien d'autres lettres de ce temps leur font écho sous ce rapport. Écoutons madame de Sévigné gémir, dans sa sollicitude de grand'mère, des dépenses que l'on a faites pour l'équipage de colonel du marquis de Grignan, son petit-fils : « Que n'avez-vous fait un « équipage proportionné à celui des autres, à la mi- « sère du temps, au retranchement que l'on ordonne « et dont le Roi donne l'exemple ? Pourquoi n'avez- « vous pas défendu le superflu, comme le Roi défend « la vaisselle d'argent ? Pourquoi les quatre mille « francs destinés à cette vaisselle ont-ils été engloutis « encore dans cet équipage ? Que n'ont-ils tenu lieu « de l'argent comptant qu'il faut qu'on emporte ? « Enfin pourquoi souffrez-vous que quand cet équi- « page est déjà trop grand, madame de Grignan « donne encore ses deux mulets et démonte sa « litière dont il me semble qu'on a toujours affaire « et qui est si nécessaire en Provence ? Enfin pour- « quoi songez-vous aux Adhémar quand vous savez « le fond de leur sac ? »

C'est ainsi que les colonels mangent leur bien dans le service, et les lettres de Sarraméa montrent que c'est aussi le sort, j'allais dire l'ambition, des simples capitaines. Qu'importe, en effet, pourvu que la compagnie soit la plus belle du régiment? N'est-ce pas par cette généreuse émulation qu'on soutient son rang, et, chose plus noble encore, la gloire du Roi et de la nation?

Notre correspondance ne s'ouvre pas à une époque heureuse pour nos armes. C'est de l'année 1695 que date le déclin de la gloire militaire de Louis XIV, mais la postérité n'en doit pas moins sa reconnaissance aux vaillants soldats qui ne désespérèrent pas au milieu des revers, et qui, après avoir courageusement succombé à Hochstœdt et à Malplaquet, relevèrent dans la glorieuse journée de Denain la fortune de la France.

Bonrepaux, le 2 février 1889.

LETTRES

D'UN

CADET DE GASCOGNE

François de Sarraméa était entré au régiment dans le courant de l'année 1693. Un certificat du marquis d'Antin atteste sa présence au camp de Schecking, à la date du 25 août de cette année. Dans les premiers jours de janvier 1694, le jeune sous-lieutenant est en congé à Versailles, d'où se trouve datée la lettre qui inaugure sa correspondance (1).

(1) La plupart des lettres originales de ce recueil portent le cachet armorié de l'auteur, reproduit ci-dessus : *au 1 et 4 d'argent à la tour de sable, qui est d'Asson d'Argelès; au 2 et 3 d'or à la vache passante de gueules, cornée, onglée et clarinée d'azur et tétée par son veau, qui est de Barège; sur le tout de gueules au cerf passant d'or, qui est Sarraméa.*

I.

A M. DE SARAMÉA A BONREPOS.

(*Par Thoulouse à Puidarieux*) (1).

De Versailes, le 3 janvier 1694.

Puisque vous estes dans le sentiment de me tenir vostre promesse, Monsieur mon cher père, et ne sçavez comment la mettre en exécution, Mr de Richaumont (2) m'a donné un expédient qui vous sera fort comode qui est d'achepter un cheval de monture de neuf ou dix pistoles pour son fils qui doibt venir joindre le régiment avec Audos (3), et son père me donnera l'argent icy. Si vous le trouvez à propos vous n'avez qu'à me faire réponce soudain après avoir receu la mienne.

(1) Commune du canton de Trie (Hautes-Pyrénées).

(2) M. de Richaumont ou de Richemont, d'après cette lettre officier au régiment de Languedoc, appartenait à une famille d'origine anglaise, dont une branche s'établit vers la deuxième moitié du dix-septième siècle à Lectoure, où plusieurs de ses membres, simplement qualifiés alors « bourgeois et marchans », occupèrent des sièges au conseil de ville. Plus tard, quand le commerce eut redoré leur blason, les descendants reprirent le vieux nom de couleur saxonne et s'appelèrent Richemont de Richarson. Le premier de la famille qui paraît sur les livres de la municipalité Lectouroise est Jean Richemont, consul en 1679, recommandé par le duc de Roquelaure, gouverneur. Il eut deux fils : 1° Dominique, né en 1675, consul en 1705-1706, marié, le 6 février 1708, à Jeanne Dufau. Leur fils Jean laissa deux filles : l'une mariée à Marc-Antoine de Cazenove, de Lectoure, l'autre, Jacquette, morte dans cette ville à l'âge de 99 ans, et dont l'acte mortuaire porte : « 24 août 1847, décès de demoiselle Jacquette de Riche- « mont de Richarson, née à Blaziert (arrondissement de Condom), fille de Jean « de Richemont de Richarson et de demoiselle de Saint-Exupéry de Saint- « Amand (Marie-Anne) » ; 2° Jacques, garde du corps, marié à demoiselle Jacquette de Charron vers 1715, consul en 1719. Une de ses filles, Catherine, épousa Jean-Louis de Saint-Géry de Lamothe, et de ce mariage naquit Gabrielle, religieuse au Carmel de Lectoure sous le nom de sœur Gabrielle Colombe de la Nativité. (Renseignements tirés des Arch. mun. de Lectoure et dus à l'obligeance de notre collègue de la *Soc. des Arch. hist.*, M. P. Druillet. — Voir aussi *Revue de Gascogne*, t. XXVIII, p. 127.)

L'officier du régiment de Languedoc était cousin des deux frères Dominique et Jacques, d'après un reçu de la main de Dominique, daté de Lectoure le 20 juin 1701.

(3) L'un des deux frères Anne ou Antoine de La Salle d'Odos, fils d'Henry et de Claude d'Urdez. Voir Larcher, *Dict.*, v° *Odos*.

Je demanderay à Mr d'Antin (1) l'employ que vous me dites lorsque je seray un peu mieux en mes affaires, car c'est le vray moyen de luy faire sa cour, n'aymant pas les misérables.

Mr de Saint-Second dont vous m'avez demandé des nouvelles est mort (2).

Pour les Mrs de Lanespède (3) et Monserier (4), ils sont en cartier à Clermont. Mon cousin de Lagrange (5) a été icy quinze

(1) Louis-Antoine de Pardaillan de Gondrin, marquis et plus tard duc d'Antin, né le 5 septembre 1665, fils de Louis-Henry marquis de Montespan et de Françoise-Athenaïs de Rochechouart. Il était colonel du régiment de Languedoc, dont il parle avec grand éloge dans le passage suivant de ses Mémoires : « L'année d'après (1689) le Roy me donna le régiment de Languedoc à la « place de celui de l'Isle-de-France que j'avois eu en 1684 et que j'avois rendu « très-beau ; sans entrer dans un journal inutile à mon sujet, j'ay servi toute « la guerre avec ce régiment, le plus beau de toute l'infanterie, pendant laquelle « je fus fait brigadier et maréchal-de-camp, toujours hors de mon rang. » (*Mém. du duc d'Antin*, p. 28.)

Lieutenant-général le 23 décembre 1702, duc et pair en mai 1711, surintendant des bâtiments, et chargé en cette qualité du soin de l'Académie, d'Antin mourut le 2 novembre 1736. La grâce infinie de son esprit, tout autant que la souplesse de son caractère et l'élégance de son physique, avaient fait de lui « le plus habile et le plus raffiné courtisan de son temps ». Il était marié à la fille aînée du duc d'Uzès, dont il eut quatre enfants. Louis, l'aîné, marquis de Gondrin, mourut longtemps avant son père et ne porta pas le titre de duc. Son fils Louis de Pardaillan, deuxième duc d'Antin, épousa, en 1722, Françoise-Gillone de Montmorency-Luxembourg et mourut le 9 décembre 1743. Enfin le troisième duc, nommé également Louis, mourut sans postérité en Allemagne, le 13 septembre 1757, âgé de 30 ans. La duché-pairie d'Antin s'éteignit par sa mort, et tous ses biens passèrent à ses deux sœurs : la duchesse d'Uzès et la marquise de Civrac.

(2) Cette phrase est raturée dans le manuscrit.

(3) Fils de Jean de Lanespède et de Marguerite de Montsérié. (V. Introd. p. VII, note 1.)

(4) Ce « Monsérier », oncle ou cousin germain des Lanespède par Marguerite de Montsérié leur mère, était le descendant de cette vaillante race d'hommes d'épée qui eut pour berceau le petit village de Montsérié en Comminges. (*Les Huguenots en Bigorre*, p. 12. — *Sommaire description du païs et comté de Bigorre*, p. 115.) Dans un site pittoresque, entouré de montagnes, on voit encore le château aujourd'hui délabré qui leur servit de demeure, et les registres paroissiaux de la commune, malheureusement incomplets, renferment un acte de décès qui pourrait bien s'appliquer à l'officier mentionné dans notre lettre : « L'an mil « sept cent quarante-trois, et le vingt-quatrième jour du mois de juillet, est « décédé dans la communion de l'église noble Jean de Montsérié dit Buri, âgé « d'environ quatre-vingt-six ans, son corps a été enterré dans l'église dudit lieu « avec les cérémonies ordinaires. » (Arch. mun. de Montsérié. *Reg. paroiss.*)

(5) Louis de Lagrange, né le 9 novembre 1673, fils de Jean de Boussès, sieur de Lagrange, et d'Anne de Sarraméa. Les armes des Boussès de Lagrange sont

jours et est venu nud-pied sans un sol et ne sçait que devenir.

J'ay veu Mr du Gela (1) à l'armée qui m'a fait mille amitiez et je le verray encore icy.

M[r] l'abé Anselme (2) vous salue aussi bien que Mr de Richau-

d'argent au lion rampant de sable surmonté en chef d'une étoile d'azur. (Arch. mun. de Bonrepaux. *Reg. paroiss.*; — Larcher, *Glanage*, t. XXI, p. 216 et suiv.)

(1) Il était aide-de-camp du maréchal de Boufflers ou avait quitté depuis peu cette charge pour celle de maréchal des logis de l'armée, ainsi que nous le verrons plus bas; il mourut à Metz, en 1702.

La famille Decombs du Gela était originaire de Bégole, en Nébouzan (actuellement canton de Tournay, Hautes-Pyrénées). Le 9 septembre 1664, Jean-Pierre Decombs, sieur du Gela, rendit hommage au Roi à cause de la vicomté de Nébouzan, devant Bernard Daspe, conseiller du Roi, président et juge-mage en la Sénéchaussée et siège présidial d'Auch, « pour raison de la « metterie et terre noble appellée du Gela, dans la despendance de la viscomté « de Nébouzan, de contenance d'environ soixante journatz cultes, incultes et « bois, confronte de midy terre de Capbern et Mauvezin, de septentrion terre « du sieur Sarramea, occidant terre de Ricaud, etc. » (*Papiers de famille*). Jean-Pierre Decombs du Gela mourut à Bégole, le 27 mai 1720, âgé d'environ 90 ans. Il avait eu un fils né, le 13 mai 1673, de son mariage avec Louise d'Ustou, et nommé Jean-Henry du Gela, mais il nous est difficile d'établir si l'acte de naissance de ce Jean-Henry concerne du Gela nommé dans la lettre ci-dessus ou s'il ne s'applique pas plutôt à son neveu dont il est question dans une lettre postérieure du 18 juin 1697. (Arch. mun. de Bégole, *Reg. paroiss.*)

(2) Antoine Anselme, né le 13 janvier 1652, à l'Isle-en-Jourdain, fils de Pierre Anselme, chirurgien, et de Marie de Chabanon. (Arch. mun. de l'Isle-en-Jourdain, *Reg. paroiss.*; GG. 5.) Un de ses oncles, Antoine Anselme, curé de Giscaro, prit soin de son enfance et lui fit faire ses premières études au collège des Pères de la Doctrine chrétienne, à Gimont, puis l'envoya à Toulouse où il se voua de bonne heure à l'état ecclésiastique. Ses débuts dans la chaire furent autant de succès qui lui acquirent une précoce renommée de talent, de savoir et de vertu. M. de Montespan ayant eu occasion d'apprécier ses mérites, l'attacha comme précepteur au marquis d'Antin. Anselme avait vingt-trois ans lorsqu'il accepta cette charge. Il se fixa au château de Bonnefont, auprès du jeune marquis âgé seulement de dix ans, et la confiante affection qui s'établit dès ce moment entre le maître et le disciple, ne cessa qu'avec leur vie. « Ce n'est point sa faute, disait plus tard le duc d'Antin dans ses Mémoires, si « je n'ay pas l'esprit et le cœur faits comme je devrois l'avoir, il n'y a rien « oublié de sa part, ses paroles et ses actions étant toujours de concert. »

Lorsque Anselme fut arrivé au terme de son préceptorat, l'évêque de Tarbes, désireux de conserver au diocèse un sujet si distingué, lui offrit l'archiprêtré de Bagnères; mais attiré vers des horizons plus vastes, l'abbé déclina cette flatteuse avance. Il partit pour Paris avec son élève, se remit à la prédication, et sut se faire une part glorieuse dans l'admiration contemporaine à côté des Bossuet et des Bourdaloue. « J'ai été ce matin à une très belle passion, à « Saint-Paul, écrit Mme de Sévigné à sa fille, le Vendredi-Saint 8 avril 1689. « C'étoit l'abbé Anselme. J'étois toute prévenue contre lui, je le trouvois « gascon et c'étoit assez pour m'ôter la foi en ses paroles; il m'a forcée de

mont et M. l'abé Ponsan moy qui suis avec un profond respect vostre très humble et très obeissant serviteur.

AURIEUX (1).

Je salue ma mère (2), mon oncle (3), mes tantes (4) avec le reste de la famille.

Louis XIV venait de résister glorieusement à la coalition qui s'était ruée à la fois sur toutes nos frontières. Mais Luxembourg mourut, et la confiance qui s'attachait au vainqueur de Fleurus, de Steinkerque et de Nerwinde s'évanouit avec lui. La France, d'ailleurs lasse et épuisée, demandait la paix. Il fut décidé qu'on se bornerait, en 1695, à une action

« revenir de cet injuste jugement, je le trouve un des bons prédicateurs que « j'aye jamais entendus : de l'esprit, de la dévotion, de la grâce, de l'éloquence, « en un mot je n'en préfère guère à lui. »

Devenu prédicateur ordinaire du Roi, Anselme prêcha à la Cour, l'Avent de 1698 et le Carême de 1709. En tête de ses œuvres : panégyriques, oraisons funèbres, qui forment sept volumes in-8°, l'éditeur a placé la vive physionomie de l'orateur gascon, et au-dessous cette citation si ingénieusement appropriée : *Dedit mihi Dominus linguam mercedem meam et in ipsâ laudabo eum.* (Eccl., 51, 30). Membre de l'Académie des inscriptions en 1710, il se retira en 1724 dans l'abbaye de Saint-Sever-Cap-de-Gascogne que le Roi lui avait donnée dès 1699. Mais les douces instances de l'amitié l'arrachèrent deux fois à sa retraite pour le ramener encore à Versailles, à l'hôtel d'Antin. « A ces deux voyages près, il « a passé à Saint-Sever les quatorze dernières années de sa vie dans la plus « parfaite tranquillité, s'occupant de ses livres, prêchant encore quelquefois et « s'amusant extrêmement de ses jardins. »

La mort de M. le duc d'Antin « lui flétrit le cœur », rapporte M. de Boze, son collègue à l'Académie et son panégyriste. L'éloquent et tendre abbé ne s'en releva pas ; il mourut le 3 août 1737, âgé de 86 ans. Deux portraits qui lui appartinrent jadis sont conservés de nos jours à Saint-Sever, dans la famille de feu notre vénéré ami le président Castandet : l'un représente l'abbé lui-même, l'autre le duc d'Antin, rapprochement frappant qui après plus d'un siècle et demi semble proclamer encore l'inséparable liaison du maître et de l'élève. (V. *Mém. du duc d'Antin*, p. 17, et l'*Éloge de l'abbé Anselme*, par M. de Boze, *Hist. de l'Acad. des Inscript. et belles Lettres*, t. XIVe, p. 287.)

(1) L'auteur signe Aurieux, à cause de la seigneurie d'Aurieux (Orieux) en Bigorre acquise par son père de Bernard-Louis de Durfort, baron de Sabarros, le 16 novembre 1691. (V. Introd., p. XI.)

(2) Catherine de Barège de Tilhouse. (V. Introd., p. XI.)

(3) Jacques de Sarraméa. (V. Introd. p. IX.)

(4) Mesdames de Ségure et de Boussès-Lagrange. (V. Introd. p. IX.)

purement défensive. Villeroi reçut la lourde charge de remplacer l'illustre guerrier dont la monarchie déplorait la perte. Tandis qu'un corps d'armée stationnait près de Mons, sous le maréchal de Boufflers, pour protéger Namur, l'armée principale s'établit dans le triangle formé par les places d'Ypres, Lille et Tournai. Le régiment de Languedoc avait pris ses quartiers d'hiver à Warneton près Lille.

II.

Au Même.

(*Timbrée de Lille.*)

A Warneton (1), le 4 février 1695.

Vostre lettre du premier de l'an , Monsieur mon cher père, m'a causé un véritable plaisir, m'aprenant que vous l'avez commencé en parfaite sancté; je me promets que la fin sera aussi heureuse que le commencement, et comme monsieur le marquis d'Antin a esté icy ces jours passez, je n'ay pas eu le temps d'y répondre plus tost, ayant pris les armes touts les jours pour passer en reveue devant luy ou devant Mr d'Artagnan (2) et Mr de Caraman (3),

(1) Canton de Quesnoy sur Deule, arrondissement de Lille (Nord).

(2) Pierre de Montesquiou, comte d'Artagnan, fils de Henry de Montesquiou, seigneur de Tarasteix, et de Jeanne de Gassion, major du régiment des gardes, gouverneur d'Arras et lieutenant-général d'Artois. Il n'était encore que maréchal-de-camp, et fut promu lieutenant-général le 3 janvier 1696. Né en 1645, il avait successivement servi dans les pages du Roi et dans les mousquetaires, gagnant tous ses grades sur les champs de bataille, particulièrement en Flandre et en Franche-Comté. Créé maréchal de France par Lettres-Patentes du 20 septembre 1709, il quitta le nom de d'Artagnan pour porter celui de maréchal de Montesquiou. Il partagea avec Villars l'honneur de la victoire de Denain. Il mourut le 12 août 1725, sans enfant survivant de son mariage avec Elisabeth l'Hermite d'Hiéville. Ses armes étaient *d'or à deux tourteaux de gueules posés en pal, avec les marques de sa dignité.*

(3) Pierre-Paul Riquet, comte de Caraman, fils cadet du créateur du canal des Deux-Mers, né en 1646, capitaine au régiment des gardes et brigadier d'infanterie ; promu lieutenant-général en 1702, grand-croix de Saint-Louis et gouverneur de Menin. Il prit part à toutes les guerres du règne de Louis XIV, se distingua au siège de Namur, aux journées de Fleurus, de Ramillies et surtout au combat de Wange, en 1705, où avec onze bataillons il soutint tout l'effort

qui ont trouvé le régiment en fort bon estat (1). Il est vray qu'il seroit honteux aux officiers qu'il en fust autrement, ayant un colonel qui en prend autant de soin que le nostre. Pour mon particulier il m'a fait espérer d'y tenir quelque rang un jour, et m'a offert les moyens de me soutenir dans celuy que je tiens, dont je l'ay remercié d'autant plus que je compte que vous ne m'abandonnerez pas et que vous me donnerez le secours néssesaire pour m'entretenir honorablement dans le service ; mes treize sols quatre deniers en hiver et trois sols en campagne, n'estant point suffisants. Vous devez estre persuadé de ce que j'ay l'honneur de vous dire, et que je suis vostre très-obéissant fils.

AURIEUX DE SARAMÉA.

Vous voulez bien que j'assure de mes respects, ma mère, mon oncle et mes tantes et que j'embrasse le reste de la famille sans oublier Mr Lassus.

d'une nombreuse armée ennemie et assura la retraite de trente-cinq escadrons. C'est à cette occasion qu'il reçut la grand-croix de Saint-Louis, bien qu'il ne fut pas commandeur, — grâce unique qui n'a jamais eu d'exemple, — et une longue lettre du roi Louis XIV expliquant cette faveur exceptionnelle dans les termes les plus flatteurs. Cette lettre est rapportée tout au long dans la biographie universelle de Michaud. Le comte de Caraman mourut à Paris, sans alliance, le 25 mars 1730, âgé de 84 ans. Il avait cédé dès 1722 le comté de Caraman à son neveu Victor-Pierre-François, fils aîné de son frère aîné président à mortier du Parlement de Toulouse. C'est du premier mariage de ce président Riquet de Bonrepos avec Magdeleine de Broglie, fille du premier maréchal de Broglie, que descendent par Victor-Pierre-François tous les Riquet de Caraman d'aujourd'hui, tant de la branche des ducs de Caraman que de celle des princes de Chimay. La branche toulousaine des Riquet de Bonrepos, marquis de Lavalette, éteinte au siècle dernier, venait du second mariage du président avec Louise de Montaigne, de la famille du célèbre écrivain.

(1) La revue dont il est question était faite par M. d'Artagnan, à titre de directeur-général de l'infanterie pour l'armée de Flandre, et par M. de Caraman, à titre d'inspecteur sous ses ordres. Ces emplois étaient de création récente. « Le « même jour (27 novembre 1694), dit le marquis de Sourches, le Roi créa quatre « directeurs généraux de cavalerie et autant d'infanterie, et sous chacun d'eux il « créa deux inspecteurs ; il devoit y avoir un directeur général de cavalerie et « un d'infanterie avec leurs inspecteurs dans chaque grande armée du Roi, et il « devoit avoir l'inspection des troupes tant pendant le quartier d'hiver que pen- « dant la campagne. Ceux que le Roi nomma pour remplir ces emplois furent : INFANTERIE : *Flandre :* le comte d'Artagnan, directeur ; Caraman, inspecteur ; Surbeck, inspecteur. (Marquis de Sourches, *Mém.*, t. IV, p. 405 et 406. — Voir aussi Saint-Simon, *Mém.*, chap. XIV.)

III.

Au Même.

(Timbrée de Lille.)

A Varneton, le 18 février 1695.

L'estonement où je suis de ne sçavoir nulle de nos nouvelles m'oblige pour en apprendre à vous escrire tous les jours, et comme je croy que M. de Coture (1) n'est pas encore parti, je vous prie de pas oublier l'estofe que je vous demande pour faire un habit, et de m'envoyer la couverte pour le cheval de bast. Je seray obligé d'achepter une robe de chambre icy, un lict, une tente, des coffres, de la vaisselle, du linge et des habits (2) sans compter qu'il faut

(1) Bernard de Coture, officier du régiment de Languedoc, fils d'Arnaud de Coture, conseiller et avocat du Roi en la sénéchaussée de Bigorre, et de Marie de Carrière, né au mois de mars 1652. Il est dénommé « noble Bernard de Coture, commandant du fort Lapré [La Prée], chevalier de Saint-Louis, » dans l'acte de baptême de Bernard d'Angosse, fils d'Hector d'Angosse, ancien capitaine du régiment de Piémont, et de Gabrielle de Monmejan, à Tarbes, le 4 janvier 1707. (Arch. mun. de Tarbes, *Reg. paroiss.*, vol. I, fol. 667, et vol. VI, fol. 229.)

La famille de Coture (aliàs Couture), une des plus considérables de l'ancienne bourgeoisie tarbaise et dont plusieurs membres sont qualifiés nobles, a donné pendant un siècle et demi des administrateurs et des magistrats à la sénéchaussee de Bigorre, des officiers à l'armée et des prêtres distingués au diocèse.

(2) Cette nomenclature en raccourci des « ustensiles » de l'homme de guerre au XVII° siècle, est à rapprocher de l'inventaire plus complet que M. Frédéric Masson donne, dans son livre sur le marquis de Grignan, du mobilier de campagne de cet officier grand seigneur : « Ouvrons les deux malles d'armée couvertes de cuir noir qu'on trouva deux ans plus tard (1704) dans la chambre « des laquais, au premier étage de la maison de la rue du Temple ; voici un sur-« tout de drap rouge à boutons et boutonnières d'or ; un justaucorps, veste et « culotte de Pinchina à boutons d'argent, un costume de camelot brun à boutons « d'argent filé ; une veste de toile à boutons d'or, un justaucorps uniforme à « brandebourgs et boutons d'argent. Voici une épée à poignée d'argent et à « garde de cuivre, et un couvert garni d'une cuiller, fourchette et couteau d'ar-« gent. Passons sur les dix-huit chemises de toile de Hollande, dont partie est « fort usée ; sur les vingt et un mouchoirs et les vingt et une paires de chaussons ; « sur les trois draps de chanvre ; sur les camisoles de futaine, les six linges à « barbe et les six coiffes de nuit garnies de dentelle. Passons sur les dix-huit « cravates, dont deux garnies de mignonnette et les autres de mousseline, sur « l'étui à peigne et le petit miroir servant à la toilette ; sur la robe de chambre « de damas à fleurs d'or, doublée de taffetas ; sur le chapeau de castor noir avec 'or et une plume blanche. Il faut arriver au solide, à l'argenterie :

faire la campagne à mes dépens, n'ayant que trois sols du roy et ne pouvant vivre moins de trente avec mon valet, qui ne passera pas en reveue comme je l'avois espéré, y ayant un ordre du Roy qui deffend aux officiers d'habiller leurs valets comme les soldats, parce qu'ils passoient pour soldats et avoient le pain du Roy. C'est pourquoy si vous pouvez habiller le mien de verd avec des parements rouges, je ne seray pas obligé à l'habiller ici. Je ne doute pas que vous n'ayiez esgard à toutes ces veritez et que vous ne m'envoyiez l'argent que vous cognoissez m'estre nessesaire par ce que je vous mande; aprez quoy je ne vous demande rien jusqu'au 18 février 1696. J'espère que vous serez bien aise de vous mettre à l'abry de mon importunité pour un an et à faire vivre contant celuy qui sera toute sa vie vostre très obéissant fils.

AURIEUX DE SARAMÉA.

IV.

AU MÊME.

(*Timbrée de Lille.*)

A Varneton, le 19 may 1695.

Je ne sçay si vous aurez receu ma dernière lettre, monsieur mon cher père, par laquelle je vous mandez que j'avois receu les deux cheveaux en bon estat, et les 52 livres que monsieur de Couture m'a donné, parce que j'en devois 58 à monsieur de Richaumont qu'il a retenu. Le reste a servi pour payer ce que je devois icy et à présent je me trouve sans un sol, ny tente, ny bast, ny coffres, ny lict, ny habit, ny marmite, ny plat, ny assiete et bien d'autres qui

« un bassin ovale, quatre petits plats, douze assiettes, deux grandes cuillers à « potage, douze cuillers, douze fourchettes, douze couteaux à manche d'argent, « six petites cuillers à café d'argent d'Allemagne en vermeil doré, deux saladiers « goudronnés, une aiguière, une écuelle avec son couvercle, six chandeliers, une « mouchette avec son porte-mouchette, un gobelet et une cuiller à café, voilà « pour la table ; et pour la toilette, un bassin à barbe, un coquemard et une « boîte à savonnette ». Puis viennent les nappes, les serviettes, les matelas, « la « courte-pointe de taffetas rouge piqué et le lit garni brisé, propre à être un lit « de voyage. » (Frédéric Masson, *Le marquis de Grignan*, p. 266.)

seroient fort longues à vous réciter, et sans un sol pour faire la campagne. Et si tout ce que je vous dis vous paroit extraordinaire, vous n'aurez qu'à prier Mr de Richaumont ou Mr de Couture et Mr d'Olive (1) de m'achepter ce qu'il me faut, et de me nourrir pendant la campagne. Je luy rendray compte des 52 livres que j'ay receu et du reste ; je ne vous demande rien du tout. Je vous prie d'avoir esgard à ce que je vous mande et d'y remédier au plus tost parce que je ne sçay ou donner de la teste, et que nous entrons en campagne au premier jour.

Si l'employ que feu Mr de Lagrange (2) avoit et dont vous m'aviez parlé n'estoit pas remply ou quelque autre pareil ou du domaine et que vous y trouvassiez une pension, vous n'auriez qu'à me le mander, je le demanderois.

Mr d'Olive vous salue et me parle souvent de vous ; il est lieutenant-colonel, et vous fairiez bien de lui escrire, car c'est un homme à ménager. Je mangeay hier la soupe avec un de vos anciens camarades qui estoit page dans ce temps-là du grand veneur, et et depuis il a esté gouverneur de son fils, dont il a eu deux mille écus ; il est Picard, capitaine dans Cavoy-Milice (3) et comande aux lignes d'Ipre (4), à Vervin (5), il se nommoit dans ce temps La Mare-Fontaine.

(1) Lieutenant-colonel du régiment de Languedoc, chevalier de Saint-Louis de la promotion de 1700. Il appartenait à la famille du célèbre jurisconsulte Simon d'Olive, sieur du Mesnil, conseiller au Parlement de Toulouse, auteur des *Questions notables du Droit*, dont un fils épousa une Fieubet, fille et sœur des premiers présidents. C'est probablement lui que nous retrouvons, en 1722, lieutenant du Roi à Montlouis en Cerdagne. (*État de la France*, par le P. Ange, Paris, Cavelier, 1722, t. IV, p. 241.)

(2) Jean de Boussès de Lagrange, marié en premières noces avec Anne de Béon, et en secondes noces avec Anne de Sarraméa, décédé le 14 décembre 1693. (Larcher, *Glanage*, t. XXI, p. 216.)

(3) Régiment de milice de Picardie dont était colonel Cavoye, cousin germain de Cavoye, grand maréchal des logis du Roi. C'était, au dire du marquis de Sourches, « un gentilhomme de Picardie qui, après avoir servi longtemps dans le ré« giment d'infanterie du Roi et dans celui de fusiliers, s'étoit retiré chez lui « pour quelque dégoût, ensuite on l'avoit fait colonel de milice et puis briga« dier », enfin maréchal de camp le 6 janvier 1696. (Marquis de Sourches, *Mémoires*, p. 95.)

(4) Ypres, ville épiscopale de la Flandre teutone, aujourd'hui Flandre orientale (Belgique).

(5) Chef-lieu d'arrondissement du département de l'Aisne.

Mr de Saint-Segond (1), qui estoit lieutenant-colonel du régiment de Vivonne, a un régiment qui porte son nom, qui est à Ipre.

J'ay fait responce à mon oncle, et je n'ay du depuis receu aucune de ses nouvelles; je lui présente mes respects et à ma mère aussi. Si vous escrivez à M. du Haget (2) de donner de l'argent à quel-

(1) François Rossi de Baville, marquis de Saint-Segond, de l'illustre famille des Rossi, comtes de Saint-Segond, de Parme. Il avait levé, le 24 février 1693, le régiment italien qui portait son nom. (V. *Hist. de l'Infanterie française*, par Suzane, t. V, p. 338.) Le marquis de Sourches dit à ce sujet, sous la date du 16 février 1693 : « Le 16 on sut que le Roi avoit donné un régiment étranger à « lever à un nommé Saint-Segond, piémontois, lequel ayant été lieutenant-colo- « nel du régiment de Thiange, et ayant été cassé, s'étoit jeté dans les troupes du « duc de Savoie, et, n'y ayant pas pu obtenir les emplois qu'il souhaitoit, était « revenu en France. » (*Mémoires*, t. IV, p. 162.) M. de Saint-Segond ou Saint-Second, brigadier des armées du Roi le 23 décembre 1702, périt à Hochstædt.

(2) Jean-Jacques du Haget de Vernon, seigneur du Haget en Magnoac, de Macavie, Libaros, Lapalisse, Ricaud, Spou et Gourgues, chevalier de Saint-Louis, brigadier des armées du Roi et lieutenant des maréchaux de France, marié en premières noces à Madeleine de Maigné de Lapalisse, et en secondes noces à Anne de Saint-Pastou-Bonrepaux. Il n'eut d'enfants que de son premier mariage.

Ce Jean-Jacques du Haget fut successivement cornette au régiment de Listenois en 1682, lieutenant au régiment du Maine le 18 décembre 1685, capitaine vers 1690, capitaine de grenadiers le 12 décembre 1703, commandeur du 2me bataillon le 23 août 1705, major le 21 août 1707, lieutenant-colonel le 17 octobre 1711, brigadier des armées le 3 avril 1721. Il reçut trois coups de mousquet à la défense de Mayence et fut également blessé à Fleurus.

Son frère puîné, Joseph du Haget, était commandeur de l'ordre de Saint-Lazare et capitaine au régiment royal. Ils étaient fils, tous deux, de Philippe du Haget de Vernon, seigneur du Haget, de la Lande, etc., successivement lieutenant d'une compagnie de cavalerie du régiment de Romainville, capitaine au régiment de Guitaut-Cavalerie, gentilhomme de la chambre du prince de Condé, et de Françoise de Sénicourt de Pesseval, et petits-fils de Jacques du Haget de Vernon, seigneur du Haget, Labatut, Vignoles, etc., et d'Isabeau de Durfort.

D'après Pavillet (*Histoire de la maison de Villeneuve*), qui donne leurs alliances sans interruption pour dix-neuf générations depuis l'an 972, les Haget seraient un rameau de la maison des comtes d'Astarac. Quoi qu'il en soit, cités parmi les gentilshommes possédant des biens-nobles dans les Quatre-Vallées, dans la charte constitutive des privilèges de ce pays concédée en 1316 par Bernard de Labarthe, ils n'ont jamais cessé de posséder la terre du Haget jusqu'à la mort du dernier de ce nom François-Philippe du Haget de Vernon, comte du Haget (voir ses preuves pour monter dans les carrosses du Roi, déposées à la Bibliothèque nationale), baron de Ponsan et de Péguilhan, premier baron du pays de Comminge, seigneur de Macavie, Libaros, Mansencomme, Fontrailles, Lapalisse, etc., maréchal des camps et armées du Roi et chevalier de Saint-Louis, décédé en 1827, ne laissant de son mariage avec Louise-Victoire de Gontaut-Biron-Saint-Blancard que deux filles : la marquise de Villeneuve et la marquise

qu'un de ces M[rs] que je vous ay nommez, pour me donner ce qu'il me faut, je suis persuadé qu'il en bailleroit, parce que vous pourriez le randre à madame sa femme (1).

J'attends de vos nouvelles au plus tost et suis vostre très-obéissant fils.

AURIEUX.

V.

AU MÊME.

(Timbrée de l'armée de Flandre.)

Du camp devant Dixmude (2), le 25 juillet 1695.

Vous serez sans doubte bien aise d'aprendre, monsieur mon cher père, que nous sommes icy sur le point d'assiéger la place devant laquelle nous sommes et qu'on ouvre la tranchée aujourd'huy, et comme nous sommes le cinquiesme régiment icy, nous la monterons le trente. Il n'y a dedans que dix-neuf pièces de canon et huit bataillons, Mr de Montal (3) nous commande, et il s'est

de Molleville. Les Haget portaient *d'or à un hêtre de sinople, accosté de quatre épées en pal, les pointes en haut et les poignées garnies d'or.*

Les châteaux du Haget et Macavie appartiennent encore aujourd'hui à la marquise d'Aragon, née de Lordat, petite nièce et héritière du marquis de Villeneuve et arrière-petite-fille du dernier comte du Haget de Vernon. — (*Note due à l'obligeance de M. le marquis d'Aragon.*)

(1) Madeleine de Maigné de Lapalisse.

(2) Sur l'Yser, place de guerre de la Flandre occidentale.

(3) Charles de Montsaulnin, comte du Montal, vieux lieutenant-général, mort en septembre 1696, à Dunkerque. « Montal, rapporte Saint-Simon (1693), étoit « un grand vieillard de quatre-vingts ans qui avoit perdu un œil à la guerre où « il avoit été couvert de coups. Il s'y étoit infiniment distingué et souvent en « des commandements en chef considérables. Il avoit acquis beaucoup d'honneur « à la bataille de Fleurus, et encore plus de gloire au combat de Steinkerque « qu'il avoit rétabli. » On s'attendait généralement à le voir compris dans la promotion de maréchaux, du 27 mars 1693. « Tout cria pour lui, hors lui-même, « sa modestie et sa sagesse le firent admirer. »

Dans l'été de 1695, Montal opéra séparément, du côté de la mer du Nord, avec son petit corps d'armée, et la campagne n'eut de succès que pour lui. « Montal, « ajoute Saint-Simon, toujours le même malgré son grand âge et la douleur du

déjà emparé de deux forts qu'ils avoient du costé de L'Aquenoc (1).

Monroux (2) estoit de nostre brigade et on l'a osté pour mettre Lanois (3) à sa place, où est Mr de Peirun (4), que j'ay veu; Mr le marquis d'Aussun (5) est dans les mousquetaires, je ne l'ay pas encore veu.

« bâton, sauva La Kenoque et eut divers avantages l'épée à la main, en prit « d'autres par sa capacité et sa prudence, et eut enfin Dixmude et Deinse, avec « les garnisons prisonnières de guerre. »

La date marquée dans notre lettre pour l'ouverture de la tranchée devant Dixmude est bien exactement celle relatée par le marquis de Sourches: « Le « [30 juillet 1695], comme le Roi étoit à la chasse dans son parc, un courrier du « comte de Montal lui apporta la nouvelle de la réduction de Dixmude; la lettre « du comte portoit qu'il avoit fait l'ouverture de la tranchée le soir du 25, et que « le 28, à dix heures du matin, la place avoit demandé à capituler. » (*Mémoires*, t. V, p. 18.) La prise de Dixmude ne compensa pas malheureusement la perte de Namur, qui capitula quelques jours après.

(1) La Kenoque (Saint-Simon), La Knocque (de Sourches), forteresse de Flandre, non loin de Dixmude, au confluent de l'Yser et de l'Yper.

(2) Montroux, régiment formé, le 27 septembre 1690, par Philippe-Marie de Montroux, avec les soldats italiens des régiments Piémontais cassés cette année. (Suzane, *Histoire de l'Infanterie Française*, t. V, p. 330.) Philippe de Montroux fut fait brigadier d'infanterie le 5 janvier 1696: « C'étoit un savoyard, dit le « marquis de Sourches, qui avoit loué un régiment étranger et qui avoit perdu « un bras au service du Roi. » (*Mémoires*, t. V, p. 93.)

(3) Il faut lire Laonnois, régiment créé sous ce nom le 4 octobre 1692 et donné à Jean-Louis de Cugnac, chevalier du Bourdet, « gentilhomme du Poitou, « frère de Du Bourdet, enseigne des gardes du corps et parent de la marquise de « Maintenon. » Ce régiment fit la campagne de Flandre en 1695. (Suzane, *Histoire de l'Infanterie Française*, t. V, p. 355; — *Mémoires du marquis de Sourches*, t. IV, p. 129.)

(4) Jean-Pierre de Sos, seigneur de Peyrun en Bigorre, aujourd'hui canton de Rabastens (Hautes-Pyrénées). Jean-Pierre de Sos, fils probablement de Jean-Jacques de Sos et de Jeanne de Portepan (voir l'acte de baptême d'un autre de leurs enfants, nommé Jean-Joseph, né le 14 avril 1666; archives municipales de Tarbes, *Registres paroiss.*, vol. II, fol. 208), figure dans trois actes de baptême, à Tarbes, le 23 novembre 1698, le 5 juin et le 5 août 1699. Il est dénommé, dans le premier de ces actes: « Noble Pierre de Peyrun, capitaine au régiment « de Launois, » dans le second: « Noble Jean Peirun, premier capitaine du « régiman Launois », et dans le troisième: « Noble Pierre de Sos, seigneur de « Peyrun, capitaine au régiment de Laonnois. » Il était marié à Catherine de Carrière. (Archives municipales de Tarbes, *Registres paroiss.*, vol. V, fol. 138, 163 et 169.)

(5) Gaspard d'Ossun, baron de Saint-Luc, seigneur de Hèches, Bartrés et autres lieux, fils de François, marquis d'Ossun, et de Marguerite de Fieubet. Il servit dix-neuf mois seulement dans les mousquetaires de la garde du Roi. Il épousa, le 4 avril 1707, Marie-Charlotte de Pas de Feuquières-Rébénac, fille de François de Pas de Feuquières, chevalier, comte de Rébénac, lieutenant-géné-

Je m'attendois à recevoir de vos nouvelles depuis le treize, vous ayant donné des miennes le 23 du mois passé; j'espérois que vous escririez à Mr de Richemont pour le prier de me donner de l'argent, ne m'en ayant point voulu donner sans une de vos lettres, j'ay esté obligé d'en emprunter beaucoup sous peine de mourir de faim, et à l'heure qu'il est je n'en ay plus ni ne sçay où en prendre, et si par malheur je viens à estre blessé, vous serez desbarrassé de moy, y ayant aparence que rien que vostre secours ne m'en délivre; c'est pourquoy je vous le demande au plus tôt.

AURIEUX.

VI.

AU MÊME.

(Timbrée de l'armée d'Harcourt.)

Du camp de Sobrenem, le 17 octobre 1696.

J'ay receu vostre lettre du 8 septembre avec bien de la joye, monsieur mon très honoré père, et pour répondre à la précédente au subject de Dupont, il est en bonne sancté et vient de me dire qu'il ne doibt rien à Lassus, et bien loin de devoir quelque chose au baile de Cère (1), c'est le baile qui luy doibt dix mesures de grain pour l'avoir fait travailler. Il estoit convenu que le baile de Bugar (2) luy rendroit deux escus et une pièce auprès de sa maison pour celle dont vous me parlez. Je n'ay aucune nouvelle de mon relief. J'ay retiré deux certificats des comissaires, signez des intendants, comme je n'ay pas este peyé de mes appointements. Escrivez-moy incessament à Dijon, où je passeray vers le

ral pour le Roi au royaume de Navarre, provinces de Béarn et de Toul, son ambassadeur extraordinaire en Espagne, et son envoyé extraordinaire à Rome, à Venise, etc., et de Jeanne d'Esquille. (Archives départementales des Hautes-Pyrénées, *Inventaire des titres de la maison d'Ossun*, p. 52 et 75; — Larcher, *Glanage*, t. VIII, p. 389.)

(1) Sère-Rustan, en Bigorre, actuellement canton de Trie (Hautes-Pyrénées).

(2) Bugard, en Bigorre, actuellement canton de Trie (Hautes-Pyrénées).

15 du mois prochain. Je ne doubte pas qu'il ne vous y reste quelque cognoiscence que je renouvelleray. De là, je suis la grand route passant par Moulins, j'attends vos ordres. Je porteroy à ma mère ce qu'elle me demande, à la réserve des peaux de mouton en blanc, que je ne sçay ce que c'est. Mandez-moy ce que vous voulez que je vous porte, je me fairay un plaisir d'en faire à toute la famille par mes soins. Je comptois porter du camelot à mon oncle, mais comme nous avons quité la Flandre, ma bonne intention est inutille; c'est pourquoy je vous supplie vouloir me donner quelque idée de ce qui luy fait plaisir, puisque je luy suis avec tout le respect que je luy doibs, comme à vous, monsieur mon très honoré père, très humble serviteur.

AURIEUX.

J'ay veu au camp de Neustat (1) Hilaire Jacoumet, fils du Comte, qui est soldat dans le régiment de Vivarais, compagnie de La Mote.

Louis XIV avait eu quelque velléité de venger l'échec de Namur par une descente en Angleterre, pour y rétablir le roi Jacques, mais le projet échoua, et la Cour de France revint à ses idées de paix. Un premier traité conclu séparément avec Victor-Amédée, duc de Savoie (29 août 1696), avait débarrassé la France de tout souci du côté de l'Italie et modifié les dispositions hostiles des alliés. Toutefois, les opérations militaires suivirent leur cours, et tout en voulant la paix on sembla de part et d'autre préparer la guerre. On veilla énergiquement à ce que les effectifs fussent tenus au complet, sous peine de prison et de suppression d'appointements contre les officiers en défaut.

(1) Ville du bas Palatinat, non loin de Spire.

VII.

Au Même.

(*Timbrée de Nancy.*)

A Nancy, le 12 avril 1697.

Je receus vostre lettre, monsieur mon très honoré père, le 10 que j'arrivay icy, par laquelle vous me mandez avoir veu l'homme qui me déserta à Saverdun (1), à qui j'ay donné une paire de souliers neufs, mais quand mesme je l'aurois gardé, il n'auroit pas esté receu dans le régiment, puisqu'on en a cassé de plus beaux à Mr Dupré par animosité; Mr le chevalier d'Argelos (2) luy a donné deux hommes de sa compagnie pour attraper le nombre de quatre, sans quoy on perd ses apointements. Richaumont les a pourtant touchez avec trois, et a eu une lieutenance de dragons qu'il est allé joindre en Provence.

J'ay esté en Avignon où il m'en a bien couté pour faire un homme qui m'a déserté. J'en ay fait un autre du depuis qui est receu icy, et j'espère en achepter encore deux, mais cela n'est pas

(1) Chef-lieu de canton de l'arrondissement de Pamiers (Ariège).

(2) Pierre d'Arros, baron d'Argelos, deuxième fils de Jean d'Arros, baron de Viven, d'Argelos et d'Auriac, et de Catherine de Montaut-Navailles, tante du maréchal. Il était capitaine au régiment de Languedoc, dont il devint un peu plus tard lieutenant-colonel en remplacement de M. d'Olive, puis colonel en remplacement du marquis de Marillac, tué à Hochstædt. D'Argelos lui-même avait passé pour mort après cette terrible bataille où il se comporta avec une bravoure toute béarnaise. Dangeau écrit, à la date du 22 septembre 1704 : « D'Argelos, à qui le Roi venoit de donner le régiment de Languedoc dont il « avoit été longtemps lieutenant-colonel, est mort à Ulm de ses blessures et le « Roi a donné ce régiment à Pionsac, lieutenant-colonel de Navarre, et qu'il « vient de faire brigadier. » La nouvelle était heureusement inexacte, et Dangeau se reprend le 3 octobre suivant : « Argelos, qu'on avoit dit mort, y est « demeuré (à Ulm) et ses blessures vont bien ; on ne lui a point coupé le bras ; « il ne savoit pas encore que le Roi lui avoit donné le régiment de Languedoc. »

« Le pauvre d'Argelos », après une détention de près de trois ans dans les prisons d'Ulm, fut fait brigadier d'infanterie et put prendre enfin possession de sa charge de colonel de Languedoc. Il la possédait encore en 1735, lorsque Sarraméa fut nommé major en remplacement de M. de Champeraud, promu lieutenant-colonel. Il mourut sans enfants de son mariage avec N. de Lannoy, fille de N. de Lannoy, baron de Wolmerange. (Dangeau, *Journal*, *passim*; — La Chesnaye-Desbois, *Dict. de la Noblesse*, v° Arros.)

seur. J'y fais pourtant compter Mrs de Marillac (1) et d'Olive; on est d'une si grande sévérité icy, que Mrs Dubot-Duboyou et Royères sont en prison, il y a huit jours, pour le mesme sujet, sans que pas un de leurs camarades puisse leur parler, insin si vous ne tâchez à m'envoyer quelque bon homme par Dominique, je seray d'obligation de m'en retourner à pied, estant obligé de vendre mes chevaux pour peyer trente escus que je reste encore au capitaine pour qui je travaillois, et un habit rouge complet et uni à un marchand, dont je ne pouvois pas me passer. Vous sçavez l'argent que j'avois en partant, je l'ay despencé à mon voyage d'Avignon ou à y faire un soldat, ou à faire celui-cy, ou en menus frais, si bien que je n'ay pas un sol. Si vous pouviez me faire rendre deux hommes à Joinville (2) par Mr du Haget, contant celuy Duglas (3), je toucheray vingt-sinq pistoles d'àpointement, sans quoy rien. Si vous ne pouvez pas m'envoyer d'hommes, envoyez-moy dix pistoles et je vendray un cheval, et gardez Dominique, puisque je n'ay que faire de deux valets pour deux chevaux, sans quoy je n'ay d'autre expédient que de m'en retourner à pied.

Si vous escriviez à Mr de Montespan (4) ou à M^r son fils pour

(1) Jean-François de Marillac, dit le marquis de Marillac, fils de René de Marillac, conseiller d'État, et de Marie Bochart de Sarron, brigadier des armées du Roi, et alors colonel du régiment de Languedoc, qu'il avait acheté, en mars 1696, au marquis d'Antin, pour 40,000 livres. Il épousa, en 1703, Marie-Françoise de Beauvilliers, issue du second mariage du duc de Saint-Aignan. « M. de « Beauvilliers, rapporte à ce sujet Saint-Simon, maria sa sœur du second lit au « fils unique de Marillac, conseiller d'État, qui étoit colonel et brigadier d'infan- « terie, fort estimé dans les troupes, quoique encore fort jeune, et qui devoit « être fort riche, étant unique. Il étoit de mes amis dès notre jeunesse, et je « puis dire qu'il avoit tout ce qu'il falloit pour se faire aimer, pour réussir à la « guerre et pour plaire à la famille où on vouloit bien le recevoir. » Cette union ne fut malheureusement pas de longue durée. Le marquis de Marillac périt à la bataille d'Hochstædt, le 13 août 1704. (Saint-Simon, *Mém.*, édit. Chéruel, t. II, p. 428; — P. Anselme, t. VI, p. 557; — Marquis de Sourches, t. V, p. 124.)

(2) Ville de Champagne, chef-lieu de canton de l'arrondissement de Vassy (Haute-Marne).

(3) Uglas en Nébouzan, aujourd'hui canton de Lannemezan (Hautes-Pyrénées).

(4) Louis-Henry de Pardaillan-Gondrin, marquis de Montespan et d'Antin, héritier des duchés de Bellegarde et d'Épernon, dont la personnalité mériterait d'être connue autrement que par ses infortunes conjugales. Séparé de sa femme peu d'années après la naissance du marquis d'Antin, leur unique fils, il se retira

me faire donner une lieutenance de cavallerie ou dragons dans le régiment d'Usez ou ailleurs, ou quelque chose sur la marine, cela ne couteroit rien.

Mr de Couture doit arriver ce soir.

Mon chien me déserta à Béziers, envoyez-le-moi s'il s'en est retorné.

On compte la paix faite, si cela est je n'auray que cent escus par an icy et seray dix ans avant d'estre capitaine, insin, tentez toutes sortes de voyes pour me faire avoir une lieutenance de cavallerie dans un vieux corps; de mon côté j'en escriray à Mr de Montespan.

AURIEUX.

Quoiqu'on comptât la paix faite, le congrès de Ryswick ne s'ouvrit que le 9 mai, environ un mois après.

Pendant le cours des négociations, les troupes françaises se massèrent dans la Belgique, en trois corps d'armée, sous les ordres de Villeroi, de Boufflers et de Catinat. Sarraméa faisait partie de l'armée de Boufflers, avec un grand nombre de parents et de compatriotes.

VIII.

A Mr LOUYS DE LAGRANGE A BONREPOS.

(*Timbrée de l'armée de Boufflers.*)

Au camp de Thieusies, le 19 juin 1697.

Je ne sçay à quoy attribuer la froideur de la famille à mon esgard, mon cher cousin, y ayant prez d'un mois que je n'en ay receu des nouvelles, et de plus n'ayant point eu de réponce d'une

dans ses terres de Gascogne, y mena une existence digne et respectée, usant de l'influence de ses relations pour rendre service, et mourut, le 1er décembre 1701, dans son château de Saint-Élix (Haute-Garonne), entouré d'estime et d'affectueux regrets.

lettre que j'escrivis à mon père pour le prier de remercier Mr d'Olive de l'honesteté avec laquelle il en a usé à mon esgard ; mais quand mesme il n'auroit pas sceu que je suis de l'armée de Mr de Boufflers (1), les Mrs de Couture auroint pu l'en instruire. Je suis fort bien avec leur frère et avec bien des parents que nous avons icy, comme Mr du Gela, mareschal des logis de l'armée (2); Mrs d'Aurout, oncle et nepveu (3), et avec lequel j'ay fait le

(1) Louis-François duc de Boufflers, pair et maréchal de France, marié, par contrat du 17 décembre 1693, à Catherine-Charlotte de Gramont, fille d'Antoine-Charles duc de Gramont, et de Marie-Charlotte de Castelnau ; mort le 22 août 1711.

(2) Le marquis de Feuquières définit ainsi les fonctions de cet emploi, supprimé aujourd'hui : « Le maréchal-des-logis de l'armée est seul avec ce caractère. Il travaille sous le général, seul, aux marches de l'armée ; et la veille de « sa marche, à l'ordre, il donne à chaque officier général qui a une colonne à « conduire la copie de ce qui le regarde, et aux officiers généraux qui entrent « de jour une copie de tout l'ordre qui se donne ce jour-là, afin qu'ils soient « en état de faire exécuter tout ce qui a été ordonné par le général.

« Il marche au campement avec le maréchal-de-camp. Il distribue au major « général et au maréchal-des-logis de la cavalerie le terrain que le maréchal-de-« camp a marqué pour être occupé par l'armée. Il fait marquer par les fourriers « le quartier général et les autres quartiers.

« Il visite les abords du camp, reconnoît le pays et s'en fait exactement « informer par les gens du pays même. Sur le compte qu'il en rend au général, « il en reçoit les ordres pour faire les marches de la manière dont le général « médite de les faire.

« C'est lui qui distribue et signe tous les ordres pour les quartiers de fourra-« ges. C'est lui qui remet à chacun des officiers généraux une copie de l'ordre « de bataille. Enfin, quoiqu'il n'ait point d'autorité sur les troupes, comme il est « continuellement auprès du général, qu'il ne reçoit les ordres que de lui, et qu'il « faut de nécessité qu'il ait le secret des mouvemens de l'armée, il ne laisse pas « d'avoir beaucoup de considération, principalement quand il est entendu.

« Le Roi entretient auprès de lui deux fourriers. Les maréchaux des logis « de l'armée sont en titre d'office et ont des provisions. Ils ont des gages fixes ; « outre cela une paie particulière par mois, quand ils servent.

« La paie du service est de quatre cents livres par mois de quarante-cinq « jours, et celle des fourriers de cent livres par mois aussi de quarante-cinq « jours. Il a vingt rations par jour, et deux rations pour chacun de ses deux « fourriers. » (*Mém. du marquis de Feuquières*, t. I, p. 143 et suiv.)

(3) L'oncle était Henri d'Antin d'Ourout, fils de Germain d'Antin, seigneur d'Ourout en Lavedan, auteur des *Petits Mémoires* publiés naguère par M. l'abbé de Carsalade du Pont, et d'Isabelle d'Armagnac de Horgues. Le neveu était Jean-Hector, fils d'un frère d'Henri, nommé Jean-François d'Antin, qui lui-même a laissé un livre de raison, dont les extraits choisis forment un intéressant appendice aux *Petits Mémoires* de son père, et où nous relevons ce passage au sujet de l'oncle et du neveu : « Noble Jean-Hector, mon fils aîné, partit pour le

voyage comme vous sçavez ; Lanespède, avec qui je bois souvent, se porte bien, vous pourrez l'aprendre à Mr son père et luy présenter mes respects ; du Haget est arrivé icy, il y a sinq ou six jours, en bonne sancté, je vous prie de l'aprendre à madame sa femme de ma part, par raport au plaisir qu'elle en ressentira, si elle n'en est déjà advertie.

Ayez la bonté de m'envoyer, s'il se peut, l'enrollement de Pierre Ricaut Duglas ; s'il est entre les mains de Mr de Sanctis (1), retirez l'en adroitement sans que personne s'en aperçoive, ou s'il ne l'a pas et qu'il s'en soit chargé, escrivez-le moy, et le nom et la qualité de ceux qui me l'enlevèrent, parce que j'iray cet hiver à Paris d'où je pourray les en faire repentir, et le tout avec beaucoup de secret. Dupré m'a promis un employ dans les fermes du tabac pour qui je voudray, mandez-moy qui en est le directeur dans ce pays-là, s'il y a un bureau à Galan, et qui mon père y veut mettre, et s'il a tiré quelque parti de la route de Lembeye, de Trie et de Tarbe.

J'ay veu Mr de Couppi qui m'a paru avoir envie de vous faire plaisir ; si vous estiez venu, on vous auroit fait avoir une lieutenance de garnison ; vous y serez encore à temps si vous pouvez amasser quelque argent avec Laurent (2) et vous en venir tous

« service à l'âge de 16 ans, ce fut le 3e mars de l'année 1694 qu'il partit « d'Ourout avec une recrue qu'il fit pour joindre son oncle, capitaine de « grenadiers du régiment Blessois, où il fut receu enseigne coronelle. Il fit la « campagne en Flandres, sous Monseigneur, en la susdite année. A esté fect « capitaine le 7me may 1696, et son oncle, mon frère, lieutenant-colonel du « mesme régiment Blessois. » (*Petits Mémoires de Germain d'Antin*, par M. de Carsalade du Pont ; — V. *Souvenir de la Bigorre*, t. III, p. 77.) Henri d'Antin ne fut pas marié. Jean-Hector épousa, le 3 février 1704, Anne de Pailhasson-Trécherie, d'où naquirent deux enfants : Germain-Paul et Jacques-Hector.

(1) Pierre de Santis, de Castelnau-Magnoac, officier au régiment de Touraine, dont il devint lieutenant-colonel. Il figure avec le titre de « lieutenant de roy « de Lisle du loron » (l'île d'Oléron), dans l'acte de naissance d'un de ses neveux, Pierre Dauban de Santis, en date du 29 mars 1711 ; et l'acte de naissance d'une de ses nièces, Marie de Santis, née à Castelnau, le 31 janvier 1722, mentionne pour marraine « dame Marie de Renier (Régnier), espouse de noble « Pierre de Santis, ancien lieuttenant-colonel du régiment de Tourene, à présent « lieuttenant pour le roy aux iles Doleron. » (Arch. mun. de Castelnau-Magnoac, *Reg. paroiss.*, I, 1700 à 1757.)

(2) Laurent de Lagrange, frère de Louis, né le 14 juillet 1677. (Arch. mun. de Bonrepaux, *Reg. paroiss.*)

deux. On trouve quelquefois une route à achepter qui vous fairait faire vostre voyage pour rien. Quoiqu'on compte la paix faite, vous seriez toujours lieutenants reformez. Le nepveu de du Gela (1) est enseigne collonelle du régiment de Buget; il y est d'autant mieux que le chevalier d'Entragues (2), son collonel, a esté camarade de son oncle, en qualité d'ayde-de-camp de Mr de Boufflers. Si vous venez l'un ou l'autre, prenez une lettre de Mr de Laloubère (3) pour Mr d'Artaignan, l'inspecteur (4). Mandez-moy les affaires de la maison, et comme mon père est monté, et les nouvelles que je vous demande d'abord que vous pourrez et croyez-moy tout à vous.

De Saramea.

(1) Voir page 4, note 1.

(2) Ils étaient deux frères d'Entragues. Le chevalier, dont il est ici question, après avoir été longtemps aide-de-camp du maréchal de Boufflers, devint, par sa protection, lieutenant aux gardes. C'est le 4 octobre 1695 que le Roi lui avait donné le régiment de Bugey, avec permission de vendre sa lieutenance. (Marquis de Sourches, *Mém.*, t. IV, p. 253, et t. V, p. 62.) Il devint plus tard colonel du régiment des Vaisseaux, à la tête duquel il périt glorieusement en défendant et en sauvant Crémone, audacieusement surprise par le prince Eugène dans la nuit du 1er février 1702.

(3) François de Castelnau-Laloubère, mort le 7 mai 1704. Il avait épousé Rose de Foix, dont il eut Antoine-César-Roger, qui mourut sans enfants de son mariage avec Louise de Josseran de Lagarde, et Jeanne-Françoise, mariée à Raimond de Palarin, à qui échut la terre de Laloubère. (Arch. mun. de Laloubère, *Reg. paroiss.*; — Larcher, *Dict.*, vo Castelnau.)

Henry de Castelnau-Laloubère, de la branche des seigneurs de Liac, épousa dans la suite (14 février 1724) Marie d'Artagnan-Montesquiou. Il avait deux sœurs : Jeanne-Françoise, mariée à François, vicomte de Monk d'Uzer, et Marie-Esther, mariée à Guilhaume de Labordenne, lieutenant aux gardes françaises, gouverneur de la ville de Vic-Bigorre. (Larcher, *Dict.*, vo Castelnau, p. 184, et *Papiers de famille*, fonds Labordenne.)

(4) L'autre d'Artagnan, cousin de l'inspecteur, était Joseph de Montesquiou, comte d'Artagnan, fils d'Arnaud et d'Anne de Lambès, qui fut chevalier des ordres du Roi, lieutenant-général, capitaine-lieutenant de la première compagnie des mousquetaires et gouverneur de Nîmes; il mourut sans alliance, le 4 janvier 1729.

IX.

A Mr DE SARAMÉA, A THOULOUSE POUR PUIDARIEUX.

(*Timbrée de Mons.*)

Au camp devant Mons (1), le 5 aoust 1697.

J'ay receu vostre lettre du 21 juillet, monsieur mon très-honoré père, qui me fait assez cognoistre la situation dans laquelle je suis dans vostre esprit; je vous supplie de continuer à m'y maintenir et vous devez estre persuadé que je n'y aporteray point d'obstacle.

Mrs de Couture et d'Olive m'ont chargé de vous faire leurs compliments et de vous remercier de vostre souvenir, aussi bien que Mr de Saint-Segond, chez qui je disnay il y a quelques jours, qui me parut estre porté à me servir dans l'occasion et qui me dict, au subject de Mrs de Lagrange, que la lettre que le père Augustin (2) luy escrivoit là-dessus estoit si positive pour leur procurer des lieutenances de garnison que ne s'en estant pas trouvées de vacantes dans ce temps-là, il n'avoit osé leur proposer des soubs-lieutenances dans son régiment, quoyque pourtant ils aient autant de peye que nous lieutenants. Et comme assurément je pense plus à eux qu'ils ne pensent à moy, j'ay employé Mr de Couppy, qui est icy, de leur faire avoir des lieutenances de garnison; on luy en a promis deux à Chimay dans Navarre, mais si je pouvois descouvrir où est le quatriesme bataillon de Picardie, il leur conviendrait bien mieux d'y entrer, car, au pis-aller, la paix se faisant, ils seroient refformez dans le corps et y auroint un autre agrément que dans Navarre par raport à Mr de Lanespède (3). Quoy que ce que je leur mande soit assuré, il est à propos qu'ils se tranquillisent jusqu'à la fin de l'hiver pour espargner leur voyage et pour sçavoir la dernière résolution des plénipotentiaires. Si la marine leur con-

(1) Mons en Hainaut, chef-lieu de la province de ce nom (Belgique).

(2) Bertrand de Sarraméa, dit le Père Augustin, oncle de l'auteur. (Voir Introduction, p. IX.)

(3) Alexandre de Lanespède, capitaine au régiment de Picardie (Voir Introd., p. VII, note 1.)

venoit mieux, Montaut (1) pourroit les y faire entrer; j'ay receu de ses nouvelles depuis peu; il me mande qu'il est major d'un bataillon qui est campé aux portes de la Rochelle; il a porté une perruche à madame d'Antin (2), et un perroquet à Mr Couppy avec qui je suis destaché icy avec dix bataillons et quinze escadrons commandez par Mr de Courtebonne (3); nous nous divertissons très bien et allons tous les jours à l'Opéra, on jouera Athis (4) aujourd'huy.

Les armées de Mrs de Villeroy (5) et de Boufflers sont à

(1) Louis de Montaut, fils de Léonard de Lamarque-Marca, seigneur de Montaut, et de Jacqueline de Sarraméa, tante de l'auteur. Il avait deux frères, Jean et François. Cette maison de Lamarque-Marca se distingua au XVIIe siècle dans le métier des armes. Le grand-père de Louis, Thomas de Lamarque, capitaine au régiment d'Espenan, marié, le 8 mai 1620, à Marguerite de Bossost d'Espenan, sœur de Roger de Bossost, comte d'Espenan, lieutenant-général des armées du Roi et gouverneur de Philipsbourg, eut entre autres enfants, cinq fils, officiers de mérite : 1° Jean-Amand, capitaine au régiment de La Feuillade, marié, le 15 janvier 1655, à Antoinette de Bussy; 2° Léonard, dont il est parlé plus haut, capitaine au régiment de Bougy; 3° Jean-Jacques, seigneur de Manent, premier capitaine au régiment de Bourbonnais, marié, le 22 septembre 1678, à Gabrielle de Léotard, dame de Manent, retiré du service, à cause de ses blessures, et pensionné de 1,200 livres en récompense de ses services; 4° Roger, premier capitaine de grenadiers du régiment de Touraine, pensionné de cent pistoles par an pour blessures et longs services, marié, le 12 juin 1692, à Jeanne de Seissan; 5° Louis, premier capitaine du régiment de Cambrésis, pensionné de trente pistoles par an, également pour services et nombreuses blessures, mort à Casal. (*Note due à l'obligeance de M. l'abbé de Carsalade.*)

(2) Julie-Françoise de Crussol, fille aînée d'Emmanuel de Crussol, duc d'Uzès, premier pair de France, et de Marie-Julie de Sainte-Maure-Montausier. « Madame de Montespan, dit le duc d'Antin, me maria l'année d'après (1686) « avec mademoiselle d'Usez, fille du premier duc et pair de France et petite-« fille de M. le duc de Montausier, gouverneur de Monseigneur; elle fit ce « mariage parce qu'elle étoit fort de leurs amis; mon père y consentit, quoique « l'affaire ne fut point de son goût ne me produisant rien. » (*Mémoires*, p. 26.) Le duc et la duchesse d'Antin eurent quatre fils. (V. *Infra*, *Lettres* XXVIII et XXXI.)

(3) Charles de Colonne, marquis de Courtebonne, d'une famille de Picardie; lieutenant-général de la promotion de 1696, mort des glorieuses blessures qu'il reçut à Hoschtædt. Sa sœur avait épousé Breteuil, conseiller d'État.

(4) Atys, tragédie lyrique en cinq actes, paroles de Quinault, musique de Lulli, ornée d'entrée de ballets, de machines et de changements, de théâtre, représentée à Saint-Germain-en-Laye, le 20 janvier 1676. On disait, pour caractériser quelques opéras de Quinault, qu'Atys était l'opéra du Roi, Armide celui des dames, Phaéton celui du peuple et Isis celui des musiciens.

(5) François de Neuville, duc de Villeroy, né en 1643 de Nicolas de Neuville, duc de Villeroy, et de Madeleine de Blanchefort de Crequy, chevalier des

Allost (1) et Ninove (2) prez de Dendermonde (3). Mr d'Antin est de la première. Il n'y a personne icy de votre cognoissance. J'ay esté d'une brigade de laquelle un de vos vieux amys est major, c'est Mr de Varadon, qui vous fait ses compliments aussi bien que Mr le marquis de l'Isle-de-Noé (4).

Je prends beaucoup de part à la perte que madame d'Estanssan (5) a faite et je ne doubte point qu'elle ne la ressente vivement, mais elle a plus de subject à s'en consoler qu'un autre par raport à Mr son mary à qui je fais mes compliments.

Si vous avez des chevaux je vous conseille de vous en deffaire, car je vous en envoyeray trois à la fin de la campagne qui aparament vous resteront.

J'ay eu des nouvelles de Paris au subject du tabac; Mr Jacob est le directeur général à Thoulouze. S'il y a quelque employ vacant dans ce pays-là, maudez-le-moy ou si vous voulez qu'on en y establisse, on les remplira le jour de Saint-Remy.

Je suis ravy que mon oncle ayt fini son affaire avec Mrs de Lanespède et de Molère (6), par le chagrin qu'elle luy donnoit

ordres du Roi, nommé maréchal de France le 30 mars 1693, marié, le 28 mars 1662, à Marie-Marguerite de Cossé, mort le 18 juillet 1730, à 87 ans.

(1) Ville sur la Dender, dans la Flandre orientale.

(2) *Idem.*

(3) Ville du Brabant méridional, non loin de Bruxelles.

(4) Marc-Roger de Noé, baron de l'Isle en Armagnac, sénéchal et gouverneur des quatre baronnies et vallées d'Aure, Magnoac, Nestes et Barousse, fils de Roger de Noé et de Jeanne deu Poüy, reçu page de la petite écurie du Roi en 1689; enseigne au régiment des gardes françaises en 1692; puis colonel d'un régiment d'infanterie de son nom et brigadier des armées le 2 juillet 1710; mort le 13 octobre 1733. Il avait épousé, le 2 mai 1714, Charlotte-Marguerite de Colbert, fille de François de Colbert, seigneur de Saint-Mars, et de Charlotte-Reine de Lée. (P. Anselme, et Larcher, *Dict.*, vo Noé, p. 115).

(5) C'était une Barège, mariée à François Darrous, seigneur d'Estansan. Un d'Estansan, son fils sans doute, épousa Catherine de Montesquiou et hérita de la seigneurie de Tilhouse par extinction de la vieille famille de ce nom. Il eut pour fils Jacques-Thomas-Marc-Antoine Darrous, seigneur d'Estansan et d'Estarvielle, qui dut mourir sans enfants, car Mlle d'Estarvielle, sa sœur, devenue seule propriétaire de Tilhouse, vendit ce domaine, le 9 juillet 1805, à son cousin M. le chevalier de Montesquiou. (Larcher, *Dict.*, vo Barège — Arch. mun. de Tilhouse, *passim.*)

(6) Jean de Sarraméa, seigneur de Lanespède, et François de Barège, sieur de Molère. Molère, autrefois annexe de Tilhouse, est aujourd'hui annexe de Benqué, canton de Lannemezan (Hautes-Pyrénées).

touts les jours. Vous voulez bien que je luy présente mes respects aussy bien qu'à ma mère et à ma tante, et mes amitiez au reste de la famille, sans oublier Mr Lassus.

DE SARAMEA.

X.

AU RÉVÉREND PÈRE, LE TRÈS RÉVÉREND AUGUSTIN DE BONREPOS, CAPUCIN A CASÈRES, A THOULOUZE.

(*Timbrée de Mons.*)

Du camp proche Mons, le 17 aoust [1697].

Mon révérend père et oncle,

Vostre lettre m'a fait d'autant plus de plaisir que j'estois dans des impatiences très-grandes de n'en pas recevoir, appréhendant beaucoup pour vostre sancté.

Je suis bien aise que vous sçachiez les soins que je me suis donné au subject de Mrs de Lagrange. Mr de Saint-Segond me dict que la lettre que vous luy escriviez sur leur subject estoit si positive, pour leur faire avoir des lieutenances de garnison, que ne s'en estant point trouvé de vacantes dans ce temps-là il n'avoit osé leur offrir des soubslieutenances dans son régiment; je croy mesme que dans l'estat où sont les choses ils n'en seroint pas plus avancez. Mr de Couppy, qui est icy et qui vous fait ses compliments, ne s'est point négligé là-dessus, car on luy a promis deux lieutenances à Chimay, dans un bataillon de Navarre, mais il leur conviendroit mieux d'estre dans le quatriesme bataillon de Picardie pour estre reformez dans le corps par raport aux secours qu'ils trouveroint en Mr de Lanespède. Si je sçavois où est ce bataillon, je tacherois par mes amys à leur y faire avoir de l'employ qu'il faudroit qu'ils se hâtassent de joindre.

Nous sommes icy commandez par Mr de Courtebonne, au nombre de dix bataillons et quatre régiments de cavallerie. L'armée est à Allost. Quand vous m'escrirez, adressez vos lettres au régiment de Languedoc d'infanterie, et soyez persuadé que je suis avec toute sorte de respect, mon révérend père et oncle, vostre très-humble et très-obéissant serviteur.

De Saramea.

Le traité de Ryswick avait été signé le 20 septembre 1697 avec la Hollande, l'Angleterre, l'Espagne, et le 30 octobre avec l'Empire. Louis XIV, profitant des loisirs de la paix, organisa, pour l'instruction du duc de Bourgogne, le fameux camp de Compiègne, où de grandes manœuvres furent données en spectacle à la cour durant tout le mois de septembre 1698. Les officiers généraux y déployèrent un luxe insensé, non seulement dans leurs équipages militaires, mais aussi en festins et réceptions de toute sorte. La somptuosité du maréchal de Boufflers, en particulier, dépassa tout ce qu'on peut imaginer. Il fallait bien que chacun suivît de loin cet exemple et se mît en mesure de figurer, sans trop de désavantage, dans une parade si magnifique; « mais cette magni« ficence, dit un auteur, ruina un bon nombre d'officiers et « de marchands. »

XI.

A Mr de Saramea, a Thoulouse pour Puidarieux.

(*Timbrée de Nancy.*)

A Nancy, le 25 avril 1698.

Je reçois vostre lettre, monsieur mon cher père, avec autant de joye que j'apréhendois qu'elle devoit m'estre funeste ayant esté privé un très long tems de vos nouvelles. Je reçois aussy le billet pour Mr de Couture, que je n'oserois luy présenter dans cette conjoncture, puisqu'il part pour Paris; insin, je ne sçay quel parti prendre, si vous n'avez la bonté de m'envoyer icy une lettre de change sur Paris de 200 livres, pour peyer se que je doibs ou à l'auberge ou aux marchands, ou pour achepter un cheval pour aller au camp de Compiègne. Nous comptons partir d'icy le premier de juin, pour le plus tard. On nous retient 150 livres pour des habits uniformes sur 360 livres que nous avons par an, jusqu'à ce que nous soyons reformez à 240 livres; ce sera le premier d'aoust qui nous ostera 40 escus; je souhaite qu'il ne vous soit pas aussi funeste.

Comme on arrestera icy les officiers qui ne peyeront point en partant, attendu que le Roy rend cette ville à l'obéissance du duc de Lorraine (1) et qu'on ne veut point des officiers à pied au régiment, il est seur qu'on me retiendra icy sans vostre secours. La chose est fort sérieuse comme vous voyez, et le temps fort court; vous estes le maître de ma liberté.

Si vous vouliez avoir Dupont, il faudroit le demander à Mr d'Olive vous-mesme, et luy envoyer les 40 l. qu'il luy coûte ou un homme aussy beau que luy, ce qui est difficile. Mr de Couppy ne peut rien à sa liberté. Je vous manderay ce qu'il doibt au baile de Sère et à Lassus. Le père Augustin, qui est à Monpellier, me mandoit de Paris que le frère de Montaut (2) estoit allé aux Indes avec rang de lieutenant; je vous prie de me déveloper cet énigme.

Le duc de Lorraine arrivera à Lunéville (3), à quatre lieues d'icy, dans huict jours. La noblesse luy est allée au-devant à Strasbourg; on ne croyt pas qu'il fasse son entrée icy que nous n'en soyons sortis; son frère, grand-prieur de Castille (4), a esté pro-

(1) La paix de Ryswick rendait, après vingt-sept ans, la Lorraine à ses anciens princes, dans la personne du jeune duc Léopold-Joseph-Charles, fils de Charles-Léopold et d'Éléonore Marie d'Autriche, qui épousa cette année même (13 octobre 1698) mademoiselle de Chartres, Élisabeth-Charlotte d'Orléans, fille de Philippe d'Orléans et de Charlotte-Élisabeth de Bavière.

(2) Jean ou François de Montaut-Lamarque. (V. note, p. 23.)

(3) Chef-lieu d'arrondissement du département actuel de Meurthe-et-Moselle.

(4) Charles-Joseph-Ignace de Lorraine, né le 24 novembre 1680, grand-prieur de Castille en 1693, évêque d'Olmutz en Moravie en 1695, d'Osnabruk en

meu de l'archévêché d'Osnabruc, qui vaut 1,800,000 l. de rente. On chanta hier le *Te Deum* à cette considération.

Mon cheval blanc a esté vendu douze escus; la jument quatorze, dont Mr Pez en donna quatre à Maillet que j'avois chargé de vous mené. Demandez-luy ce que sont devenus les manteaux rouge et le bleu qu'ils prirent à Verdun (1).

SARAMÉA.

XII.

AU MÊME.

(Timbrée de Brisack.)

Au camp de Neuf-brisac (2), le 28 mars 1700.

Monsieur mon très-honoré père,

Depuis mon arrivée icy, le premier de ce mois, nous avons esté jusqu'aujourd'huy dans des inquiétudes continuelles sur nostre départ. L'ordre qui vient d'arriver et qui nous fera partir pour aller à Strasbourg le premier du mois prochain, les fait cesser. Le régiment des Vaisseaux, qui sortira du Vieux-Brisac (3) le mesme jour pour faire place aux troupes de l'Empereur, prendra la nostre icy.

Je verrai M[r]. de Barège (4) à Celestat (5) au premier jour; il est fort affligé de la mort de son gendre qui estoit un gentilhomme

1698, coadjuteur de Trèves en 1710; électeur en 1711. Il mourut à Vienne, le 4 décembre 1715.

(1) Chef-lieu d'arrondissement du département de la Meuse.

(2) Haute-Alsace. Chef-lieu de canton de l'arrondissement de Colmar, ancien département du Haut-Rhin.

(3) Petite ville de la rive droite du Rhin, dans la principauté de Bade.

(4) On lit dans le marquis de Sourches, à la date du 15 août 1699 : « Le « même jour, il [le Roi] fit la distribution des bénéfices vacants et donna une « abbaye à l'évêque de Limoges, une au fils de Barèges, lieutenant de roi de « Schelestadt, etc. » (*Mém.*, t. VI, p. 179.)

(5) Schelestadt, place de guerre en basse Alsace, chef-lieu d'arrondissement de l'ancien département du Bas-Rhin.

Picard, capitaine dans le régiment d'infanterie de Thoulouse. Il n'a esté marié que huit jours et n'a pas consommé le mariage; il a donné pourtant à madame sa femme 500 l. de pension et 7 ou 8 mille francs.

J'ay receu 3 louys d'or en espèce de l'argent que Mr de Barège avoit entre les mains; comme ils valent 45 l. argent d'Allemagne, je croy qu'il n'en a pas davantage à donner; je n'ay pas peu m'en esclaircir avec luy ne l'ayant pas encore veu; cet une si petite somme qu'elle ne vaut pas la peine d'estre envoyée par une lettre de change, de plus mademoiselle de Saraméa et madame sa fille m'avoint fort prié de leur faire remettre cet argent, attendu qu'elle a donné sa quitance; d'un autre côté Mr de Lagrange m'a remis les lettres qui faisoit (*sic*) à cet affaire et m'a demandé la mesme chose, si bien que je prevoy que je ne sçaurois envoyer cet argent sans désobliger quelqu'un; cela fait que je vous supplie, monsieur, de faire en sorte de contenter les deux partis, et de délivrer à l'un du consentement de l'autre les trois louys d'or que j'ay; j'espère que mon cousin de Lagrange en sera pour quelque chose s'il peut. Je vous demande des nouvelles de son mariage (1), et s'il a trouvé à son gré l'espée et le ceinturon que je lui envoyai de Thoulouse avec vostre cheval par le valet de Mr de Coture qui se porte bien et M^r son nepveu (2) aussi. Il nous en a couté à chacun pour le voyage 130 l.

Je ne trouvay pas le père Augustin à Besiers, il estoit à Thoulouse, cela me fit laisser les six louys d'or, que vous m'aviez donnez pour luy remettre, à M^r l'abbé d'Assignan (3), frère de

(1) Il est question ici du premier mariage, en 1700, de Louis de Lagrange avec Marthe de Solan, fille d'Hercule de Solan, seigneur de Saboulies et Balaguier, et de Françoise de Vendômois. (V. Larcher, *Glanage*, t. XXI, p. 219.)

(2) Charles de Coture, dénommé « noble Charles de Coture, lieutenant au « régiment de Languedoc » dans l'acte de baptême d'un de ses neveux, Charles de Coture, fils de Guilhaume de Coture, conseiller du Roy, maître des eaux et forêts de Bigorre, et de Magdelaine de Sales, à Tarbes, le 10 décembre 1714. (Arch. mun. de Tarbes, *Reg. paroiss.*, vol. VII, fol. 27.)

(3) Sans doute Jean-Philippe de Villespassans d'Assignan, chanoine de Tarbes, qui figure au procès-verbal de la prise de possession de l'évêché de Tarbes par Mgr de Poudenx, le 7 avril 1694. (Voir *Souvenir de la Bigorre*, t. V, p. 378.)

Mr de Villespassans, qui me promit de les luy faire donner à Thoulouse par M[r] son frère.

Dupont vous prie d'affermer son bien à qui il vous plaira ; d'en payer les charges et de luy envoyer le reste ; et moy je vous assure que je suis avec beaucoup de respect, Monsieur mon très-honoré père, vostre très humble et très-obéissant serviteur.

De Saraméa.

Je vous prie de vous souvenir des armes de la maison de Marsas et de me les envoyer.

Les trois années qui suivirent la paix de Ryswick ne furent pas sans préoccupations. La santé chancelante de Charles II, roi d'Espagne, faisait présager sa fin prochaine, et sa succession, ardemment convoitée, allait de nouveau rallumer la discorde. De son vivant, divers traités de partage furent faits en vue d'éviter la guerre : l'un entre Louis XIV, l'Empereur et le duc de Bavière; l'autre, après la mort du duc, entre Louis XIV et l'Empereur seuls. De son côté, Charles, après avoir fait un premier testament en faveur du duc de Bavière, institua, — ce prince étant mort, — le duc d'Anjou, son neveu, pour son héritier au trône d'Espagne. L'émotion fut grande en Autriche, en Angleterre et en Hollande. L'Empereur surtout résolut de disputer à outrance un héritage qu'il prétendait revenir légitimement à sa maison. L'horizon s'assombrit de nouveau de toutes parts. Pour protéger la Belgique, une vaste ligne de fossés, fortifiée par des redoutes, fut établie de la Meuse à la mer ; la Gueldre espagnole entre la Meuse et le Rhin fut occupée par de nombreux détachements. La lettre ci-après donne quelque idée du mouvement militaire de la France à ce moment.

XIII.

Au Même.

A Gueldres (1), le 22 avril 1701.

Enfin, avec bien de l'inquiétude et de la despence, je suis arrivé icy le 14 de ce mois d'avril, monsieur et très-honoré père, avec tout ce que j'avois en partant, à l'argent près. Mon cheval a porté le bast depuis Romans (2) jusqu'icy, et je montois un petit bidet du chevalier de Viven (3), son cheval de bast s'estant estropié, il a esté obligé de le troquer à Châlon-sur-Saône. Tamberlan est fort au gré de Mr de Coture, il vous remercie de ce beau présent.

Pour tesmoigner à Mr d'Olive l'envie que j'avois de luy faire plaisir, je luy enrollai un beau soldat à Lyon, auquel je donnay 2 louys d'or et demy en présence de deux officiers du régiment où je me promettois bien de le mener, mais comme Monsieur de St Martin (4), qui avoit sa recrue 11 jours derrière, avoit encore 3 soldats sur les bras, difficiles à garder là et ruineux à entretenir, il me les bailha pour les conduire icy; les deux me désertèrent à la première journée, je laissay le troisiesme sur sa bonne foy et le 4e de Mr d'Olive entre les mains de son lieutenant, son sergent et six soldats de recrue de bonne volonté, et courus après les deux déserteurs que je ratrapay; mon cheval et mes pistolets me servirent bien dans cette occasion; je les menay trois jours tout seul jusqu'à tant que j'eusse joint les recrues de Mrs d'Olive et de Viven où j'appris que mon soldat avoit déserté. J'ay mené les trois autres icy où Mr Le Camus de Beaulieu (5) m'a mandé de

(1) Capitale du duché de ce nom, dans les Pays-Bas catholiques.

(2) En Dauphiné, chef-lieu de canton du département de la Drôme.

(3) Il s'agit peut-être d'un frère cadet de d'Argelos, lieutenant-colonel de Languedoc. Leur père était baron d'Argelos et de Viven.

(4) Il existait alors, comme aujourd'hui, plusieurs familles de ce nom. Peut-être s'agit-il ici de Gilles-Laurent de Monet, seigneur de Saint-Martin-Adour, mousquetaire de la garde du Roy, marié en premières noces à Aimée de Laur, et en secondes noces, le 17 novembre 1711, à Paule de Lassalle, fille d'Henry, seigneur d'Odos, et de Claude d'Urdez. (Abbé Vergès, not. gén., Archives départementales des Hautes-Pyrénées, E. 507.)

(5) Il était contrôleur de l'artillerie et avait la connaissance des déserteurs.

luy envoyer un estat de la despence que j'avois faite pour leur conduite, avec la sentence qui seroit donnée contre eux, sans compter la capture qui vaut dix escus par homme, si bien que le tout iroit bien à 200 l. J'ayme pourtant mieux abandonner et perdre cette somme que deux hommes, en les livrant au conseil de guerre, quoy qu'ils le méritent bien par leur crime. Je suis persuadé que vous approuverez ma conduite dans cette occasion.

Tout se prépare icy pour la campagne; nous sommes icy 2 bataillons de Languedoc, 1 de Touraine et un de Senterre (1) et 4 compagnies de dragons d'Hautefort soubs les ordres de Mr de Marillac. Mr de Coigny (2), lieutenant-général, qui est à Ruremonde (3), commande toutes les troupes de la province et soubs luy M^rs d'Alègre (4) et de Sousternon (5), maréchaux-des-camps. Nous sommes icy les plus avancez; il y vient touts les jours de l'artillerie. Cette place de huit bastions est régulièrement fortifiée de terre, sans estre commandée; les eaux, qui en levant les escluses innondent la campagne à une demy-lieue à l'entour en rendent l'approche difficille; nostre régiment compte de camper. L'esquipage de Mr de Marillac vient, tout le monde se procure des esquipages; comme je suis à présent à mesme d'espérer une compagnie, les capitaines refformez estant remplacez et des lieutenants qui estoint devant moy ayant quité, ne veuillez pas après

Son neveu, Le Camus des Touches, lui succéda dans cette double charge, le 31 janvier 1704. (*Mém. du marquis de Sourches*, t. VIII, p. 273.)

(1) Lisez Senecterre.

(2) Robert-Jean-Antoine de Franquetot, comte de Coigny, fils d'Antoine de Franquetot, président à mortier du Parlement de Rouen, et d'Éléonore de Saint-Simon Courtomer, lieutenant-général des armées du Roi, chevalier de Saint-Louis, gouverneur de Barcelonne, en 1697, plus tard gouverneur de Caen, mort le 10 octobre 1704; il était le père de François de Franquetot, qui devint duc de Coigny et maréchal de France.

(3) Ville épiscopale des Pays-Bas catholiques, au confluent de la Sambre et de la Roër, aujourd'hui dans le Limbourg hollandais.

(4) Yves d'Alègre, marquis d'Alègre et de Tourzel, de grande et riche maison d'Auvergne, se signala aux batailles de Fleurus, de Steinkerque et de Nimègue. Nommé maréchal-de-camp le 30 mars 1693, il fut fait lieutenant-général en janvier 1702, et maréchal de France le 2 février 1724.

(5) Comte de Sousternon, gentilhomme du Lyonnais, fils du comte de la Chaise et neveu du P. de la Chaise, confesseur du Roi; il était inspecteur de cavalerie, capitaine des gardes du comte de Toulouse et mestre-de-camp du régiment de Toulouse-cavalerie.

toutes les dépences que vous avez faites pour mon avancement, me les retrancher dans un temps où je suis près d'en recueillir le fruit. Pour y parvenir, je vous demande, M[r] mon très-honoré père, un secours de cent livres, et le plus tot que vous pourrez, par une lettre de change sur Paris, que vous m'adresserez par Paris au pays de Gueldres. Je ne dois rien; j'ay un cheval et 20 escus de touts mes apointements. Il me faut un cheval, une tente, un lit, un valet, de la vaisselle, du linge et bien des petites ustancilles d'une longue déduction; sans compter que pendant la campagne je n'auray que 4 sols par jour. Tout le monde s'efforce à paroistre riche dans la conjoncture présente pour estre capitaine.

Je suis avec respect vostre très-humble serviteur.

AURIEUX.

XIV.

AU MÊME.

A Gueldres, le 18 juillet 1701.

Je ne perds point d'occasion de vous faire sçavoir de mes nouvelles, Monsieur mon très-honoré père, le mauvais estat de mes affaires vous empêche sans doute d'en recevoir aucune satisfaction. Je n'en suis pas la cause, puisque j'espargne mon argent autant que je puis, mais les dépences sont excessives et surtout dans la conjoncture présente où il faut estre en estat de faire la guerre. Nous comptons de l'avoir bientôt, d'ailleurs je n'en sçaurois trop faire pour répondre aux bontez de Mr de Marillac qui veut que je sois toujours avec luy, et qui veut me donner le premier employ vacant malgré 4 capitaines reformez et 8 lieutenants qui sont devant moy. Je tacheray à me maintenir bien dans son esprit par ma conduite. Vous aymez assez mon avancement pour m'ayder à y contribuer par une honeste despence. J'ay toujours mon cheval qui me sert fort bien; je l'ay harnaché un peu proprement. D'ailleurs je commenceray à manquer d'habits pour l'hiver et ils commencent icy à bonne heure; donnez vos secours le plus tot que vous pourrez et par les voyes que je vous ay données par ma précédente, et comptez que j'en feray un bon usage. L'establissement de mes seurs vous occupe autant que moy sans doubte; vous conoissez trop bien l'importance qu'il y a de profiter de leur junesse pour le mariage ou pour la religion, pour n'y pas travailler par toutes sortes de voyes. Je ne sçay si vous avez tenté la voye que je vous avois proposée par Mr d'Antin. Pour le mariage, il sera difficille de trouver des gentils hommes. Donnez-moy des nouvelles de mon oncle et assurez-le de mes respects. Mandez-moy aussi s'il vous plaît la réussite de ses affaires avec Mr de Lanespède, tant pour l'honneur (1) que pour l'intérest. Je pourray faire demander l'entrée des estats d'Aurieux (2) par des personnes de crédit.

Je suis, Monsieur, vostre très-humble et très-obéissant serviteur.

De Sarraméa.

Assurez s'il vous plaît ma mère et ma tante de mes respects; et de mes obéissances ma cousine et mes cousins de Lagrange et mes sœurs et Mr Lassus.

(1) L'abbé de Sarraméa et son cousin Jean de Lanespède se disputaient l'entrée aux États de Nébouzan, tenus annuellement à Saint-Gaudens. Il est fait allusion ici à ce différend, qui durait depuis plusieurs années et qui se trouve relaté dans deux extraits authentiques des délibérations de cette assemblée, en date des années 1673 et 1675. La lettre suivante avait été adressée alors à ce sujet par le maréchal d'Albret, gouverneur de Guyenne, au comte de Foix, sénéchal de Nébouzan, et lue par ce dernier à la séance des États du 9 décembre 1675 :

« De Bourdeaux, ce 15e février 1675.

« Monsieur,

« Il y a deux gentilshommes dans vostre seneschaussée de Nébouzan qui « ont un différend touchant l'entrée en vos Estats, qui pourrait bien les engager « quoyque parents en des suittes fâcheuses; je vous supplie, Monsieur, de « prendre le soin de vous instruire de leurs prétentions et de les accommoder; « l'un et l'autre me sont en particulière recomandation.

« Faittes-moy l'honneur de crere que je suis très véritablement, Monsieur, « vostre très-humble et très-affectionné serviteur et cousin.

« Le Mal d'Albret. »

(*Papiers de famille.*)

(2) C'est-à-dire des États de Bigorre, à cause de la seigneurie d'Orieux.

Mr de Couture, qui va demain à Clèves (1) pour rétablir sa santé, vous fait ses compliments; M[r] son nepveu est sous-lieutenant.

XV.

Au Même.

(Timbrée de Cologne.)

A Gueldres, le 22 aoust 1701 (escrivez-moy toujours icy).

Monsieur mon très-honoré père,

La lettre de change que vous avez eu la bonté de m'envoyer est arrivée le 19, assez à temps pour m'ayder à faire la campagne, puisque nous ne l'avons pas encore commencée. Nous comptons pourtant de camper bientôt avec Touraine et Hautefort dragons à la porte de la ville, et d'estre relevez icy par deux bataillons espagnols qui y doivent venir la sepmaine prochaine que nous croyons que la guerre sera déclarée, le roy d'Angleterre (2) ayant déjà donné aux environs d'icy des sauvegardes par escrit à commencer du 2me de septembre. Il a fait la reveue de ses troupes il y a 3 jours, à 7 lieues d'icy, entre Nimègue (3) et la Meuse, sur la

(1) Capitale du duché de ce nom, entre la Meuse et le Rhin, au nord de la Gueldre.

(2) Guillaume-Henri de Nassau, prince d'Orange, fils posthume de Guillaume de Nassau, prince d'Orange, et d'Henriette-Marie, fille de Charles Ier, roi d'Angleterre. Il naquit à La Haye, le 14 novembre 1650. Élu stathouder de Hollande après l'assassinat de Jean de Witt, il fut le promoteur acharné des trois coalitions qui se formèrent contre la France en 1674, en 1687, en 1701, et aboutirent, après des guerres sanglantes, aux traités de Nimègue, de Ryswick et d'Utrecht. Il épousa Marie Stuart, fille du duc d'Yorck, et dès que ce dernier parvint au trône d'Angleterre, sous le nom de Jacques II, il convoita sa couronne. La ligue d'Augsbourg favorisa ses projets d'usurpation. Sous le couvert des hostilités ouvertes contre le faible allié de Louis XIV, il débarquait à Torbay, vers la fin de l'année 1688, chassait Jacques II de sa capitale et le battait définitivement à la bataille de La Boyne, le forçant à venir abriter à Saint-Germain une infortune qui fut lourde à l'hospitalité de la France. Guillaume III mourut le 19 mars 1702, au moment où il se disposait à soutenir les prétentions de la grande alliance provoquée par l'ouverture de la succession d'Espagne.

(3) Ville du duché de Gueldre, aujourd'hui à la Hollande.

bruyère de Mooch: il n'a trouvé que 15,000 hommes; sa sancté est fort mauvaise (1).

Quoy que vous ne me parliez point de la difficulté que vous avez eue à m'envoyer de l'argent, je la ressents comme vous et vous en suis d'autant plus obligé, j'en useray avec toute la ménagerie possible. J'ay toujours mon cheval qui me sert et se porte fort bien; j'ay une jument en main dont Mr d'Olive a voulu donner 13 louys il y a 3 mois, elle est très-belle; si j'en ay besoin, je l'acheteray pour ce prix là, quoy qu'on en voulut 14 de luy, j'auray espargné 3 louys de nourriture et 10 sols par louys par la diminution. J'achepteray de l'escarlate icy fort belle pour 13 l. l'aune de France; je voudrois fort l'employer à un manteau selon vostre intention, mais j'ay grand besoin d'un habit, n'en ayant point d'autres que ceux que vous m'avez veu. Mr d'Antin est à Louvain (2), il nous a fait espérer, par un lieutenant du régiment qui l'a veu, de venir icy.

Mr de Montarredon (3) est à Ruremonde, qui ne se porte pas bien; il m'escrit souvent; nous sommes de sa brigade, de la Reine, de l'armée de Villeroy. Mr de Santis est icy en bonne sancté; j'ay fait cognoiscence dans le régiment de Touraine où il est avec Mrs de Morin, de Besiers, nos parents, qui nous font honneur; ce sont de fort honestes gens. Le père Augustin a la bonté de me donner des nouvelles de la famille; il me mande la mauvaise santé de Melle d'Aurieux, ma sœur, qui m'afflige beaucoup. Les dépances que vous faites pour moy ne vous empêchent point de faire travailler aux murailles de la maison qui sont achevées avec les soins que ma mère s'y est donnée à son ordinaire. Je m'intéresse fort au chagrin que la perte de la mule luy a causé; c'est une vray perte.

Je souhaite que vous soyez aussi content de la généalogie que le père Augustin vous a envoyée que moy, qui le suis fort par le portrait qu'il m'en fait. Il me mande que vous avez donné dix

(1) Il mourut six mois après.

(2) Sur la Dyle, dans le Brabant espagnol, aujourd'hui Brabant méridional (Belgique).

(3) Guilhaume de Sarraméa-Montaredon, capitaine au régiment de la Reine. (V. Introduction, p. VI, note 1.)

pistoles à Mr de Mansencome (1) qui est à Paris pour moy; je n'en ay pas d'autres nouvelles. J'écris à Mr du Haget sur la naissance Mr son fils (2), qui me fait grand plaisir. Mrs d'Olive et de Couture vous font leurs compliments; je vous prie d'assurer de mes respects ma mère, mon oncle, ma tante, et de mon amitié ma cousine et mes cousins de Lagrange, mes seurs, Mr l'archiprêtre de Campistrous (3) et Mr Lassus.

Je suis avec respect vostre très-humble serviteur.

DE SARRAMÉA.

Les préliminaires belliqueux dont il est parlé au début de la précédente lettre étaient antérieurs de plusieurs jours à la grande alliance de La Haye (7 septembre 1701), et à la reconnaissance par Louis XIV du fils de

(1) Alexandre-François de Lasseran-Montluc, marquis de Manssencome, Montbardon, etc., marié, le 26 septembre 1694, à Marie-Dorothée de Rechignevoisin de Guron, fille du marquis de Guron. Son père avait racheté à la succession du marquis de Sourdis les biens de la branche Lasseran-Montluc.

(2) Ce fils était Jean du Haget de Vernon, qui devint plus tard lieutenant à la suite du régiment du Maine, que commandait son père, Jean-Jacques du Haget, puis capitaine au même régiment et lieutenant des maréchaux de France. Jean du Haget épousa, le 2 juillet 1732, Françoise de Sérignac de Belmont, dame de Ponsan, veuve de Joseph de Durfort, marquis de Castelbajac, dont il eut deux fils : 1° le comte Philippe du Haget de Vernon (V. plus haut, p. 11, note 2) et Bernard, chevalier de Malte.

(3) L'abbé Jean de Colomez, docteur en théologie, archiprêtre de Campistrous, aujourd'hui canton de Lannemezan, de 1698 environ à 1708. (Arch. mun. de Campistrous, *Reg. paroiss.*) « Il était fils de Jean de Colomez, secrétaire « du Roi, maison couronne de France. La vertu avait fait de vives impressions « dans son cœur dès sa jeunesse. Ce fut un prêtre animé de l'esprit ecclésiastique, « plein de charité à l'égard des pauvres et de zèle pour la maison du Seigneur, « veillant sur le troupeau qui lui avait été confié. Il s'appliqua à l'étude de « l'Écriture-Sainte et à l'oraison. Il mérita l'estime de son prélat, qui pensait à « le choisir pour un de ses vicaires généraux, mais son humilité lui fit refuser « cet emploi. Il partagea aux pauvres non seulement ses revenus de l'Église, « mais encore ceux de son patrimoine, avant sa mort. Sa mémoire est en béné- « diction dans plusieurs endroits du diocèse, principalement dans les églises « paroissiales de Campistrous et d'Auriébat qu'il avait régies avec tant d'édifica- « tion et de désintéressement. Il mourut à Toulouse l'an 1715 et fut enterré dans « l'église des Grands-Augustins ». (*Hist. de la province et comté de Bigorre*, par l'abbé Colomez, publiée et annotée par l'abbé Ferdinand Duffau, p. 260.)

Jacques II, roi d'Angleterre sous le nom de Jacques III (10 septembre), reconnaissance qui servit de prétexte apparent à la déclaration de guerre. Les hostilités ne commencèrent réellement que l'année suivante; les troupes se contentèrent de garder soigneusement leurs positions durant l'hiver; le régiment de Languedoc fut envoyé de Gueldres à Rhinberg, place forte de la rive gauche du Rhin.

XVI.

Au Même.

(*Timbrée de Cologne.*)

A Rhinberg (1), le 15 décembre 1701.

La douleur où me jette la mort de Mr Despernon (2), monsieur mon très-honoré père, m'empêche de ressentir la joye que j'au-

(1) Place de guerre dans l'archevêché électoral de Cologne, aujourd'hui Prusse Rhénane.

(2) Nom donné ici à M. de Montespan, en voici la raison : M. de Montespan se rattachait aux d'Épernon par sa mère, Christine Zameth, fille du fameux Sébastien Zameth, et d'une Rouillac, fille elle-même d'Hélène de Nogaret, l'aînée des sœurs du célèbre duc d'Épernon, mariée au marquis de Rouillac, et dont les sœurs cadettes épousèrent : l'une le duc de Joyeuse, l'autre le comte de Brienne, morts tous deux sans postérité.

La descendance masculine du duché-pairie d'Épernon s'était éteinte par la mort du second duc, en 1661. Sa fille, véritablement duchesse d'Épernon, à raison de la qualité femelle du duché, se fit carmélite à Paris, au couvent du faubourg Saint-Jacques, où elle mourut à 77 ans, le 22 août 1701, après cinquante-trois ans de profession.

Du côté des Rouillac, il n'y avait également, à la fin du XVIIe siècle, qu'une fille. Héritière de la terre d'Épernon, elle aspira à en porter le titre, et obtint du Roi de faire juger sa prétention, puis se désista, et, renonçant au monde, alla rejoindre la vraie duchesse aux Carmélites. Mais avant de s'enfermer dans le cloître, Mlle de Rouillac avait cédé à M. de Montespan, son cousin, tous ses droits à l'héritage du duché. De là, cette « chimère d'Epernon », qui fit tant de bruit, et dont nous saisissons ici les débuts. Saint-Simon dit que malgré le secret de la cession consentie par Mlle de Rouillac, M. de Montespan ne put « se tenir d'essayer de prendre dans ses terres de Guyenne, où il demeuroit, « le nom de duc d'Épernon ». Cette particularité est prise sur le fait, dans la

rois de vous savoir auprès de Mr le marquis d'Antin. Il me reste assez de cognoiscence au travers de cette douleur pour me croire très-obligé des bontez qu'il vous a tesmoigné avoir pour moy.

Si sans intéresser son crédit, il pouvoit me tirer de l'estat où je suis, comme pour me faire son ayde-de-camp, je remplirois cette charge avec tout le zèle et toute l'application possible pour le service du Roy et pour le sien particulier; vous pouvez, dans la bonne disposition où il est là-dessus, luy faire pressentir cela sans m'intéresser. Mr d'Olive est à Paris; Mr de Couture vous fait ses

lettre ci-dessus et dans une autre lettre de Jean de Lanespède à l'abbé de Sarraméa, où nous relevons le post-scriptum suivant, à la date du mardi 29 novembre 1701 : « La nouvelle court très-fortement dans ce canton que monsieur « le duc Depernon est mort, je vous assure que j'en ay beaucoup de douleur; sy « cella est vray, je vous suplie de me le mander; je vous asure que j'y prens « beaucoup de part que je doy. » Enfin il existe à Saint-Élix (Haute-Garonne), lieu de décès de M. de Montespan, un document intitulé : « Rolle des confrères « et confréresses, qui oront (*sic*) assisté à la sépulture de Monseigneur Des- « pernon, seigneur du présant lieu, désédé le premier xbre 1701 », avec la note marginale suivante : « Mgr Despernon cy-dessus n'a pas été inscrit au registre, « ainsi que je l'ai constaté. » Cette pièce, dont nous devons copie à M. Fourcade, curé de Saint-Élix, offre ce double intérêt, de suppléer l'acte de décès de M. de Montespan, qui ne fut jamais dressé, et de confirmer la particularité dont nous venons de donner les motifs. Remarquons toutefois que M. de Montespan a toujours été, jusqu'ici, dans nos lettres, désigné sous ce nom de Montespan. Il n'apparaît sous celui d'Épernon qu'après la mort de la duchesse carmélite, le 22 août 1701, ce qui prouve qu'il se montra respectueux de la légitime propriété du titre et exclut de sa part toute idée d'usurpation. Le duc de Saint-Simon ignorait-il cette nuance ou mettait-il quelque malveillance à ne pas l'indiquer? L'une et l'autre hypothèses sont vraisemblables.

Quoi qu'il en soit, il est certain qu'en affirmant ses prétentions au duché d'Épernon, M. de Montespan avait voulu préparer les voies à son fils, dont Saint-Simon, qu'il faut citer encore, dit : « Dès que son père fut mort, il écrivit « au Roi pour lui demander de faire examiner ses prétentions à la dignité de « duc d'Épernon. Tous les enfants de sa mère en supplièrent le Roi, après son « souper, ou de le faire duc, M. le duc d'Orléans portant la parole. Cette folie « d'Epernon fut en effet son chausse-pied. » Ce n'est cependant qu'en janvier 1711 que le marquis d'Antin se décida à introduire, avec permission du Roi, sa demande devant le Parlement. « Il ne manquoit qu'un titre à ma fortune et « à ma naissance, dit-il lui-même dans ses *Mémoires*, et tout le monde compta « dès ce moment que je serois duc d'une façon ou d'autre. » On sait que le fils de M. de Montespan obtint seulement l'érection de son marquisat d'Antin en duché-pairie. Sa « folie d'Epernon » échoua contre l'intraitable opposition des ducs, « à cause de la préséance de la duché d'Épernon, qui se trouvoit la « seconde de France. » (*Mém. de Saint-Simon*, passim, et *Mém. du duc d'Antin*, p. 80.)

compliments. Mr d'Arquez, de l'Isle en Jourdain (1), qui vous cognoit, est lieutenant de Roy icy. Mr de Couture, avec qui je mange, luy donne à souper ce soir. Mr le marquis d'Alègre, qui commande icy, m'envoye demain pour recognoistre un canal qu'il y a d'icy à Gueldres. Envoyez-moy, s'il vous plait, par Mr Lassus, à qui j'escriray avant son départ, 7 ou 8 pistoles d'Espagne ou vieux louys, et qu'il en porte de la mesme espèce le plus qu'il pourra. Vendez-luy vostre vieux coureur, c'est son affaire et la vostre. Faites souvenir Mr d'Antin de l'affaire de Lagrange; je suis avec beaucoup de respect, monsieur mon très-honoré père, vostre très-humble et très-obéissant.

SARRAMÉA.

Je ne m'avise pas d'escrire à Mr d'Antin, ce que je luy suis le devant persuader de mon intention.

Si vous pouviez trouver un garçon de ma taille pour me servir, qui sçeut raser ou seulement qui fut de bonne volonté pour valoir quelque chose, envoyez-le moy pour me servir. Je pourrois peut-estre luy faire plaisir un jour, surtout s'il sçavoit lire et escrire.

XVII.

AU MÊME.

A Rhinberg, le 4me mars 1702.

Monsieur d'Arquez, lieutenant de Roy de cette place, dont je vous ay fait des compliments par ma dernière lettre, me fait faire la charge d'ayde major de la place, et par la maladie du major celle de major, insin, monsieur mon très-honoré père, je vous supplie de l'en remercier et de m'adresser la lettre incessament. Faites

(1) Probablement Charles d'Aymier d'Arquez, chevalier de Malte, né le mois d'octobre 1639, à l'Isle-en-Jourdain, l'un des trois fils de Pierre-Jean d'Aymier, sieur d'Arquez, et de Germaine de Ferrouil de... (Arch. mun. de l'Isle-en-Jourdain, *Reg. paroiss.*, GG. 5.)

aussi, s'il vous plait, mes remerciments à mon oncle des bontez qu'il a pour moy et de son présent. Il ne tiendra pas à moy que je ne me ménage par ma conduite la charge d'ayde de camp que Mr d'Antin veut me donner, mais je ne seray guère en estat de me mettre dans l'équipage qu'il faut pour l'exercer. J'espère de voir Mr Lassus icy le premier d'avril, puisqu'il est parti le douze de février, comme mon oncle me mande.

Je suis avec respect, monsieur mon très-honoré père, vostre très-humble et très-obéissant serviteur.

SARRAMÉA.

Quelques jours plus tard, dans le courant du même mois de mars, une garnison française fut chargée d'occuper Kayserswerth, place de la rive droite du Rhin, appartenant à l'électeur de Cologne, Clément de Bavière, notre allié. Les bataillons de Languedoc faisaient partie de cette garnison et eurent à supporter, du côté des Pays-Bas, le premier choc des ennemis. Le prince de Nassau-Saarbruck investit le 16 avril Kayserswerth, commandé par le marquis de Blainville. La place toutefois n'était pas tellement bloquée qu'elle ne put recevoir journellement des secours d'un corps d'armée français placé en face, sur la rive gauche du fleuve, sous les ordres du comte de Tallard. Le Roi, ayant appris le siège de Kayserswerth par un courrier du maréchal de Boufflers, tint un conseil de guerre où il fut résolu que le duc de Bourgogne partirait pour l'armée avec le titre de généralissime.

En attendant, Boufflers traversa la Meuse et la Roër et se jeta entre les assiégeants et deux corps d'armées commandés par les comtes d'Athlone et de Tilly, mais il ne put les empêcher de se rallier à Clèves.

Le duc de Bourgogne rejoignit Boufflers le 3 mai. Ils marchèrent ensemble contre Clèves, délogèrent les ennemis et les poursuivirent vers le Nord, jusques sous les murs de Nimègue. Le duc de Bourgogne déploya beaucoup de valeur et d'habileté. Malheureusement il avait fallu rappeler le corps chargé de secourir Kayserswerth; la place, prise à revers, fut écrasée. Le 14 juin, « la ville n'était plus qu'un « monceau de pierres. »

« Mr de Blainville, considérant alors qu'il ne pouvait plus « résister à un assaut, et ayant reçu ordre, lorsqu'il en « serait à cette extrémité, de ne pas disputer plus longtemps « la place et de sauver le reste de ses troupes qui avaient « donné de si grandes preuves de valeur et de fermeté, « battit la chamade le 15, à sept heures du matin, après « avoir soutenu cinquante-huit jours de tranchée ouverte. Il « obtint presque toutes les conditions qu'il demanda, et la « capitulation, qui fut signée le même jour, fut aussi hono- « rable que la défense avait été digne d'admiration. Le Roi « lui en témoigna sa satisfaction en l'élevant au grade de « lieutenant-général. La garnison sortit le 17, avec tous les « honneurs de la guerre, et vint à Venloo.

« Ce siège fut un des plus mémorables qu'on eut encore « vus; on n'avait point imaginé qu'on put tenir aussi « longtemps dans une aussi mauvaise place. Elle coûta « cher aux ennemis; ils y perdirent neuf mille sept cents « hommes et n'en firent d'autre usage que d'en raser les « fortifications. » (*Mémoires militaires relatifs à la succession d'Espagne sous Louis XIV*, par le lieutenant-général Pelet.

Sarraméa s'était bravement conduit et avait reçu une grave blessure à la tête (1). Quelques jours après cependant il se battait encore dans Venloo, investi par Marlborough. Nos armées s'étaient à ce moment repliées au-delà de la Meuse, pour défendre le Brabant. C'est en vain que le duc de Bourgogne manifesta le désir énergique de secourir les assiégés; le conseil de guerre s'y opposa, jugeant la chose

(1) Voir le certificat du marquis de Blainville, p. 45.

impossible, et Venloo, défendu par le général de Labadie, capitula le 23 septembre, après un siège presque aussi meurtrier que celui de Kayserswerth. Le jeune officier avait bien mérité le repos dont il jouissait en quartiers d'hiver à Paris, le 25 décembre 1702.

XVIII.

Au Même.

A Paris, le 25me décembre 1702.

J'arrivay icy le 20 de ce mois en bonne santé; je souhaite, monsieur mon très-honoré père, que la vostre soit de mesme. Celle de monsieur le marquis d'Antin, que j'ai eu l'honneur de voir et de féliciter sur sa promotion de lieutenant-général des armées du Roy, est parfaite (1). Il m'a tesmoigné bien de la joye de me voir et m'a offert sa maison à Versailles, en attendant quelque gratification du Roy où il veut me servir. Il a achepté le régiment de Cursol à M^{r} le duc d'Uzez, qui a quitté le service, cinquante mille livres (2).

Mr Maury m'a fait toutes les honestetez et offres de service possibles à vostre considération, vous luy en devez un remerciment et des assurances d'amitié et d'attachement qu'il m'a prié de vous donner de sa part.

Je ne sçay si j'auray l'honeur de vous voir cet hiver; Mr de Marillac m'a promis la première compagnie vacante comme estant le premier lieutenant, et a accompagné cela d'un grand désir de me faire plaisir. Je présenteray le placet au Roy pour luy deman-

(1) Il venait d'être compris dans la grande promotion du 23 décembre.

(2) « On sut encore ce jour-là (1er décembre 1702), que le marquis d'Antin « avoit acheté du duc d'Uzès le régiment de Crussol pour son fils, lequel « néanmoins il mettoit sur sa tête pour une année ou deux, en attendant que « son fils fut un peu plus formé. » (*Mémoires du marquis de Sourches*, t. VII, p. 411.)

der l'entrée aux estats de Bigorre et je feray la proposition de l'achapt, si l'occasion s'en présente. Ne m'escrivez point.

J'ay l'honeur d'estre avec beaucoup de respect, Monsieur mon très honoré père, vostre très-humble et très-obéissant serviteur.

SARAMEA.

XIX.

AU MÊME.

(Timbrée de Versailles.)

A Versailles, le 10me janvier 1703.

J'estois venu icy comptant d'avoir une compagnie, mais comme je ne vois aucune apparence qu'il en vaque aucune de cet hiver, je me prépare à faire la campagne prochaine. Si vous le trouvez bon, monsieur mon très-honoré père, je vous supplie de m'envoyer vostre vieux coureur, si vous l'avez encore, sans harnois, avec sa bride seulement, et Galan pour le conduire, avec le meilleur habit qu'il se trouvera avoir, sans luy en faire faire de neuf. La route de Mr de Caubous (1), qui va à Malines (2), passe auprès d'Avesnes en Haynaut (3), où est nostre garnison, et pourra vous servir pour la conduite de ce petit équipage; ou bien celle de Mr Santis, qu'on m'a dit estre de cavallerie, ou celle de M[r] de St Martin, capitaine de nostre régiment, ou celle de Mr de Peyrun, ou celle de M[r] de

(1) Faute d'indication de prénom, il est difficile de dire si ce M. de Caubous est celui qui devint brigadier d'armée de cavalerie le 29 janvier 1709, et maréchal-de-camp le 6 mars 1719 (*Journal de Dangeau*, t. XII, p. 319, t. XVIII, p. 5), ou s'il s'agit d'un autre membre de cette famille, Bernard-Louis de Caubous du Haget, capitaine au régiment du Maine, marié à Magdeleine-Françoise de Charmont, dont il eut au moins trois enfants : Charlotte, née à Caubous, le 31 mars 1726 (arch. mun. de Caubous, *Reg. paroiss.*, feuilles détachées) ; Jean-Jacques, né à Castelnau-Magnoac, le 4 août 1728 (arch. mun. de Castelnau-Magnoac, *Reg. paroiss.*, I. 1700 à 1757) ; Nicolas, né à Caubous, le 6 août 1737 (arch. mun. de Caubous, *Reg. paroiss.*, feuilles détachées). Les du Haget de Caubous et les du Haget de Vernon étaient deux branches de la même famille et portaient les mêmes armes.

(2) Capitale de la seigneurie de ce nom, dans les Pays-Bas catholiques, aujourd'hui province d'Anvers.

(3) Aujourd'hui chef-lieu d'arrondissement du département du Nord.

Villepinte (1); préférez la cavallerie à l'infanterie, si vous avez le choix, parce que la ration est plus grande et qu'on ne passe que les chevaux qu'on voit.

On n'a encore rien demandé pour moy ; Mr le marquis d'Antin a escrit à Mr de Blainville (2), gouverneur du Keyservert (3) pendant le siège, pour luy demander un certificat de ma conduite dans cette occasion (4), et Mr d'Argelos en a demandé un autre à Mr de Labadie (5), gouverneur de Venloo (6) pendant le siège,

(1) Probablement François de Podenas, capitaine au régiment du Roi-infanterie, chevalier de Saint-Louis, fils de Philippe-Martin de Podenas, baron de Villepinte, seigneur de Lescurry, Fleurance, etc., et de Louise d'Astorg. Un de ses frères, François-Alexandre de Podenas, lieutenant au régiment de Navarre, était mort à Thionville, des blessures qu'il avait reçues au siège de Luxembourg. Armes : *d'argent à trois fasces ondées d'azur.* (Chérin, *Preuves de la Maison de Podenas;* — Arch. des Hautes-Pyrénées, Série I, *Titres de famille.*)

(2) Quatrième fils du grand Colbert, marié à Gabrielle de Rochechouart de Tonnay-Charente. D'abord surintendant des bâtiments, puis grand-maître des cérémonies, il se sentit bientôt attiré vers l'état militaire, se conduisit avec valeur à Steinkerque, où il fut blessé, acheta le régiment de Champagne, fut fait brigadier des armées du Roi le 30 mars 1693, maréchal-de-camp le 25 janvier 1702, enfin lieutenant-général le 21 juin suivant, en récompense de sa belle défense de Kayserswerth, et périt glorieusement à Hochstædt.

(3) Place de guerre de l'archevêché électoral de Cologne, aujourd'hui dans la Prusse rhénane.

(4) Voici le certificat :

« JULES-ARMAND COLBERT, MARQUIS DE BLAINVILLE, *lieutenant-général des* « *armées du Roy, commandant les troupes de Sa Majesté et celles de Sa Majesté* « *catholique, dans le comté de Namur et sur la frontière de la Meuse et de la* « *Sambre :*

« Nous certiffions que le sr de Saramea, lieutenant dans le régiment de « Languedoc, s'est acquitté de son devoir pendant le siège de Kayserswert « avec beaucoup de courage et de bonne conduite, et qu'il y a esté blessé à la « teste d'un coup de mousquet dont il a esté plusieurs mois hors d'estat de servir.

« Fait à Namur, le 13e janvier 1703.

« BLAINVILLE. » (*Papiers de famille.*)

(5) Ancien lieutenant-colonel du régiment de Guiche. Brigadier des armées du Roi le 6 juin 1694, compris parmi les otages de la capitulation de Namur; maréchal-de-camp le 25 janvier 1702, commande à Venloo la même année; lieutenant-général le 27 octobre 1704; gouverneur de la citadelle de Lille le 30 avril 1707; commandant de la place du Quesnoy en avril 1710; jeté à la Bastille après la reddition de cette place, parce qu'on l'accusait de ne l'avoir pas suffisamment défendue (juillet 1712). Rentré en grâce en 1713, il reprit le gouvernement de la citadelle de Lille, et mourut lieutenant de Roi de Strasbourg en novembre 1718, âgé de près de quatre-vingt-dix ans.

(6) Place de guerre du duché de Gueldre, aujourd'hui dans le Limbourg hollandais.

pour le mesme sujet; Mr d'Antin agira sur cela. En attendant, il me nourrit à sa table et mon cheval à son escurie; cela me fait prendre patience agréablement. Mr l'abbé Anselme me demande tous les jours de vos nouvelles.

Mr du Gela est mort à Mets, en revenant de campagne; j'ay escrit au major de ladite place pour m'informer des dispositions qu'il a fait, en mourant, de son bien, de son argent et de son équipage dans lequel il y avoit un cheval à moy, harnaché de tout, jusqu'à des pistolets, qui me coutait 180 livres de Mr d'Arquez, lieutenant de Roy de Rhinberg, avec la selle et la bride seulement. Je le luy baillay en entrant à Keyserswert; il s'en est servi toute la campagne, et je ne m'en suis servi que pour venir de Rhinberg à Keyserswert.

Il m'est revenu icy qu'il y avoit a[utrefois] en Bigorre une commanderie de l'ordre [du] St Esprit de Monpellier, si cet dans [votre] terre, je vous supplie de me le dire avec toutes les circonstances à Av[esnes] (1), où je seray à la fin de ce mois-cy. Après avoir esté refusé ou accordé sur une pension que je veux demander, je demanderay l'entrée des estats pour la susdite terre.

Je fais faire mon portrait; vous devriez faire faire le vostre quand vous en trouverez l'occasion, en cuirasse. J'ay l'honeur d'estre avec beaucoup de respect, monsieur mon très-honoré père, vostre très-humble et très-obeissant serviteur.

SARAMEA.

XX.

AU MÊME.

A Paris, le 9me mars 1703.

Je pars d'icy demain, monsieur mon très-honoré père, sans y avoir rien fait, ny à Versailles, quoyque Mr d'Antin s'y soit employé de tout son crédit. Je suis pourtant sur l'estat des

(1) Les quatre mots de cette phrase, placés entre crochets, correspondent à une déchirure du manuscrit.

pensions que Mr de Chamillart (1) doit présenter au Roy, à qui il en a déjà parlé et l'en fera encore ressouvenir aux premières grâces qu'il fera, comme il l'a promis à M[r] d'Antin qui m'a deffrayé moy et mon cheval pendant deux mois que j'ay esté chez luy. Je vous prie, monsieur mon très-honoré père, de vouloir l'en remercier. Vous avez veu, par la lettre que je vous ay envoyée de Mr de Marillac, son sentiment sur ce qui me regarde ; j'ay lieu d'espérer qu'il l'effectuera bientôt et qu'il en trouvera l'occasion par la promotion de Mr de Couture à la majorité de Bayonne ou de Tournay (2), qu'on luy fait espérer (3). C'est ce qui m'a engagé à faire encore cette campagne pour laquelle je vous ay demandé Galan et vostre coureur tout nuds, que je compte de trouver à Maubuge en Hainaut (4) où est notre régiment, et où je vous supplie de m'escrire incessament. En cas que vous n'eussiez pas fait partir Galan et le cheval, je vous supplie de les faire partir incessament, si vous trouvez une route, et Galan seulement si vous n'en trouvez point.

A présent que ma douleur est un peu apaisée sur la mort du pauvre Mr du Gela, je me sens privé à regret du cheval qu'il avoit à moy, qui estoit d'une bonté et d'un agrément merveilleux. Je croy vous avoir mandé ce qu'il m'avoit couté, et que je le luy avois remis en entrant à Keyserswerth, et qu'il l'a toujours gardé jusqu'à sa mort, à Mets, où j'ay fait escrire par le commendant du régiment au major de Mets, qui aparament a fait son inventaire, pour sçavoir si je ne suis point compris sur le testament; et si je n'y suis pas, j'offre à prouver que j'avois baillé ce cheval à Mr du Gela, qu'il ne m'a point rendu. Mandez-moy s'il vous plait si l'argent de la vente de son équipage a esté rendu à M[r] son père. Montaredon est mort de ses blessures. Son frère l'abbé est à

(1) Michel Chamillart, marquis de Cani, secrétaire d'État de la guerre depuis 1701, disgracié le 9 juin 1709, mort le 14 janvier 1621.

(2) Ville épiscopale de Flandre, appartenant aujourd'hui à la Belgique.

(3) Nous avons vu plus haut (note, page 8), qu'il devint commandant du fort La Prée. Ce petit fort détaché à l'embouchure de la Charente était situé dans le gouvernement de l'Aunis.

(4) Place de guerre sur la Sambre, chef-lieu de canton de l'arrondissement d'Avesnes (Nord).

Rivet (1) depuis huit mois. Richeaumont vous fait ses compliments.

Je suis avec beaucoup de respect, monsieur mon très-honoré père, vostre très-humble et très-obéissant serviteur.

SARAMEA.

J'assure de mes respects ma mère, mon oncle et ma tante, et de mon amitié mes sœurs, ma cousine et mes cousins de Lagrange. On m'a conseillé de ne point demander l'entrée aux Estats de Bigorre, croyant que je ne l'obtiendrois point. Donnez-moy s'il vous plaît des nouvelles de vos affaires.

XXI.

AU MÊME.

A Maubeuge, le 23me mars 1703.

J'arrivay de Versailles le 15 de ce mois, monsieur mon très-honoré père, sans y avoir rien obtenu pour cette année, malgré les pressantes recommandations de Mr d'Antin à Mr de Chamillart, qui m'a mis sur le mémoire des pensions pour l'année prochaine. Je receus hier la lettre que vous me faites l'honeur de m'escrire du 4me de ce mois, qui m'apprend votre bonne santé et celle de toute la famille, dont je me réjouis beaucoup; tâchez de vous la conserver de mesme, je vous en conjure, et donnez-m'en s'il vous plaît des nouvelles plus souvent que vous n'avez fait depuis un an; il est vray que j'ay esté si errant depuis ce temps qu'elles auroint à peine pu me trouver. Ce n'est pas la seule perte que j'ay faite; celle de tout ce que j'avois au fort St Michel de Venloo et de mon cheval de monture, que j'avois acheplé à Mr d'Arquez 180 livres sans les pistolets, la housse et les fourreaux, et que

(1) Abbaye de l'ordre de Cîteaux, dans le diocèse de Bazas, dont son oncle Bernard était abbé vers 1684. (Voir Introduction, p. VI, note 1, et page X.)

j'avois remis harnaché de tout cela à feu Mr du Gela en entrant à Keyserswerth, m'est fort préjudiciable présentement qu'il faut entrer en campagne et que je n'ay rien, sans compter que je suis assez malheureux pour n'estre jamais payé de ce cheval, Mr du Gela étant mort à Mets en son bon sens et ayant fait son testament sans y oublier des debtes de 30 sols et un escu, mais si fait bien mon cheval qui a esté vendu (après sa mort, avec tout son équipage, en présence de deux officiers du régiment qui sont de cette ville) 200 livres, malgré les protestations qu'ils ont pu faire qu'il m'appartenoit. Je croy vous avoir escrit, et Mr Lassus aussi, qui le luy a veu en campagne, que je le luy avois remis; mandez-moi s'il vous plaît ce que vous en sçavez, et si sur ces lettres vous en avez parlé à M^{rs} ses parens. Toute l'armée sçait que ce cheval m'appartenoit et que je l'avois presté à Mr du Gela; mesme Mr du Plessis, major général de l'armée de Mr de Tallard (1), me dit à Versailles : « J'ay veu vostre cheval, qui estoit fort gras, pendant « toute la campagne », et M^r d'Arquez, qui entroit à Paris comme j'en sortois, me dit : « J'ay veu vostre cheval en campagne, qui se « portoit fort bien, et Mr du Gela me dit qu'il vouloit s'en « accomoder avec vous si vous vouliez, et vous en donner un « autre à la place qui luy coutoit beaucoup plus d'argent que le « vôtre ». Je leur ay escrit a tous deux pour leur demander des certificats de ce qu'ils m'avoint dit et je les envoyeray à Mr de Beausire, chanoine de St Thibaut, à Mets, son exécuteur testamentaire.

Le valet et le cheval que vous m'envoyez me seront d'un très-grand secours; je vous en suis très-obligé. La route passe à une journée d'icy, où je suis en garnison avec le second bataillon, et le premier est à Namur. Je me feray un vray plaisir de voir mon cousin, M^r le chevalier de Lanespède, pour lequel j'ay les sentimens que je dois, et de recognoiscence sur le plaisir qu'il me fait; il ne tiendra pas à moy que je ne les luy tesmoigne.

(1) Camille, duc d'Hostun de la Baume, comte de Tallard, né en 1652, de Roger d'Hostun, marquis de la Baume, et de Catherine de Bonne d'Auriac, chevalier des ordres du Roi, gouverneur du comté de Bourgogne, créé maréchal de France le 14 janvier 1703, mort à Paris le 30 mars 1728.

J'ay l'honeur d'estre avec beaucoup de respect, monsieur mon très-honoré père, vostre très-humble et très-obéissant serviteur.

De Sarraméa.

Notre correspondance présente ici une interruption de plus de deux années, comprenant en entier celle de 1704, qui fut celle de la bataille d'Hoschstædt. Cette lacune regrettable nous prive sans doute de détails intéressants sur la fatale journée où Sarraméa vit périr ses meilleurs amis et protecteurs, Blainville, Marillac, Saint-Segond.

Le régiment de Languedoc faisait partie de l'armée du maréchal de Tallard; il en occupait le centre, lorsque ce maréchal l'envoya, avec vingt-sept autres bataillons et quatre régiments de dragons, soutenir le poste de Bleinheim, mal défendu par Clérembault qui lâcha pied et se noya dans le Danube au milieu de ses troupes en déroute. Tout le corps capitula. Languedoc, toutefois, ne s'était pas rendu sans combat, puisqu'il y perdit son colonel, et que le brave d'Argelos, son lieutenant-colonel, grièvement blessé, fut laissé pour mort sur le champ de bataille; l'état des prisonniers du régiment fut de 16 capitaines, 20 lieutenants 15 sous-lieutenants et 586 soldats (1). Sarraméa était capitaine depuis le mois de juillet 1703. Au début de l'hiver de 1705, nous le retrouvons à Paris, occupé à remonter son équipage et à réparer les pertes de sa compagnie.

(1) Voir mémoires relatifs à la succession d'Espagne.

XXII.

Au Même.

A Paris, le 14me 9bre 1705.

J'ay receu vostre lettre aujourd'huy, monsieur mon très-cher père, avec un extrême plaisir de vous sçavoir et toute la famille en bonne santé, et avec un grand étonnement de l'arrivée de mes valets qui n'ont mis, à ce qui me paroit, que 14 jours en route; mais c'est bien assez puisqu'ils sont arrivez à bon port et mes chevaux aussi. Je compte que le bay obscur vous plaira, et je vous prie de ne point vous en deffaire, ny en troc ny en vente, que fort avantageusement. Pour l'anglois, comme il n'est propre qu'à monter, troquez-le contre un beau cheval de monture, si vous en trouvez l'occasion, en faisant du retour. Il est fort bon, mais il faut le tenir bien ferré, sans crampon; je vous dis à peu près la même chose du gris, auquel il faut faire abattre le talon, autant qu'il se pourra, et si même vous vous trouviez en occasion de luy faire barrer les veines, cela seroit nécessaire pourveu que ce fut fait par un habille homme. En tout cas, si vous ne trouviez pas à les troquer, vous pourrez les vendre pour m'achepter un beau cheval de monture, car, de cette espèce, ils sont hors de prix sur la frontière et icy. Les chevaux de bast y sont plus communs. Enfin je fay fonds de vostre part sur un cheval pour moy, un pour un valet et un pour un bast. Je vous envoyeray, pour me les faire conduire, une route qui passera à Chartres, et mes valets me prendront icy en passant. Comme il m'en faut nécessairement trois, si vous en trouviez un troisième qui fut bien fait et qui seut servir, vous pourriez luy promettre de bons gages, que je luy tiendrois. Celuy qui servoit Mrs de Couture, nommé l'Espérance, seroit bien mon fait; voyez de luy faire parler. Si d'ailleurs vous pouviez me faire un ou deux soldats bien faits et de conoissance pour faire passer la route, vous me fairiez un fort grand plaisir. La levée des milices vous en fournira peut-estre les moyens; vous sçavez aparament que la généralité de Montauban en doit fournir dix-huit cens (1).

J'ay pris le parti de demeurer icy pour remettre ma compagnie. J'ay déjà envoyé six hommes touts habillez qui doivent estre au

(1) La levée générale pour l'année 1705 fut de 27,050 hommes, destinés aux armées d'Italie et d'Espagne.

L'ordonnance réglementaire du 29 novembre 1688, due à Louvois, avait réorganisé les anciens corps de milice, sous le nom de *milices provinciales*. Le pouvoir royal faisait la répartition du contingent entre les généralités, et l'intendant était chargé de la sous-répartition entre les paroisses. Les habitants se réunissaient ensuite, un jour de dimanche ou de fête, sur la place publique, et désignaient les miliciens, à la pluralité des voix, parmi les habitants non mariés, âgés de vingt ans au moins et de quarante ans au plus. Plus tard, les abus du mode de désignation par voie de suffrage furent reconnus, et on y substitua le tirage au sort. Les officiers étaient nommés par le Roi. « Les « hommes et les officiers étaient recrutés suivant le système régional. On « groupait les paroisses les plus proches pour en former une compagnie. Les « lieutenants et les capitaines devaient, autant que possible, être choisis de « manière à ce qu'ils eussent pour résidence la région où était leur compagnie. « Ces dispositions, en évitant les déplacements trop considérables, facilitaient « l'assemblée de la compagnie et les exercices périodiques. » Les régiments de milice, opérant en corps distincts, prirent une part honorable à la guerre de la ligue d'Augsbourg. Ce fut un colonel de milice gascon, le marquis de Poudenx, qui, à la tête du régiment de Bordeaux, sauva en Savoie le corps d'armée de Feuquières et prépara la victoire de Staffarde. Mais l'organisation distincte créée par Louvois ne fut pas respectée après la paix de Ryswick. L'appel des milices servit le plus souvent à combler les vides faits par la guerre dans les rangs de la troupe réglée. L'institution n'eut plus d'existence propre; l'abus des levées la rendit odieuse au peuple des campagnes et acheva de la perdre. Le gouvernement de Louis XV reprit l'œuvre de Louvois. L'ordonnance du 25 février 1726, rendue sous le ministère du marquis de Breteuil, développa l'organisation antérieure et accrut singulièrement l'importance des milices provinciales. (Voir *Histoire des milices provinciales*, par Jacques Gebelin, ancien élève de l'École normale supérieure.)

Voici un procès-verbal de tirage au sort, dressé sous cette ordonnance, pour la paroisse de Lutilhous en Nébouzan :

« L'an mil sept cent-vingt-six et le trentième jour du mois d'avril, en « conséquence de la comission à nous donnée au nom du Roi par monseigneur « le duc de Duras, lieutenant-général des armées de Sa Majesté, comandant « en chef dans la province de Guyenne, pour faire tirer au sort, en vertu de « l'ord[ce] de Sa Majesté du 25 février dernier, tous les hommes non mariés « sujets à la milice, demeurant actuellement dans la parroisse de Lutilhous, de « l'âge au moins de seize ans et pas plus âgés de quarante, de taille de cinq « pieds de hauteur au moins et en état de bien servir,

« Nous, Philippe de Baretge, seigneur de Lutilhous, demeurant aud. lieu, « nous sommes cejourdhui transporté dans la place publique dud. lieu, où « tous les habitants s'étant trouvés assemblés en la forme usitée pour les

régiment à présent et j'en ay encore huit que je compte de faire partir demain et de les conduire moy même jusqu'à Chaalons. C'est un travail qui m'a entièrement ocupé depuis que je suis icy, et je n'ay pas même eu le temps de me faire habiller.

J'ay veu madame d'Antin un moment par occasion; je n'ay pas encore veu Mr d'Antin qui est icy de ce matin; si je ne pars pas demain je l'iray voir et je feray toujours tout de mon mieux pour ménager son amitié. Quand je seray débarassé de ma recrüe, je songeray à l'entrée des estats.

J'ay voulu vous réserver la plus mauvaise nouvelle pour la fin; c'est la mort du pauvre abbé de la Mote, précédée d'une maladie de trois mois qui l'empêcha de jouir un moment d'une cure de 1500 l. que Mr de Luxembourg (1) luy avoit donée dans sa duché de Monmorancy; il ne l'a résignée à personne dans

« affaires de la communauté, lesd. consuls nous ont présenté les garçons « d'icelle en nombre de sept, lesquels nous avons fait sur-le-champ inscrire « par leurs noms, âge, taille et vocation, dans notre présent procès-verbal, ainsi « qu'il s'ensuit :

« Savoir :

« Philippe Péré, âgé de vingt ans, brassier, de taille requise;

« Jean Lassus, journalier, âgé de vingt-deux ans, de taille requise;

« Bernard Péré, laboureur, âgé de vingt-huit ans, de taille de cinq pieds un « pouce, visage long et pâle, les yeux noirs, sourcils noirs, cheveux noirs et « plats, barbe noire ;

« Bernard Ducoms, brassier, âgé de vingt ans, court d'un pouce;

« Antoine Dubarri, brassier, âgé de vingt-cinq ans, court d'un doigt;

« Bernard Desbats, brassier, âgé de vingt ans, court d'un pouce,

« Et, après avoir examiné tous les susdits garçons, nous avons reconeu que « sur led. nombre de sept il s'y en est trouvé quatre qui n'avoint pas les « qualités requises et partant il n'en reste que le nombre de trois propres à « servir dans lesd. milices pour remplir le nombre de un que ladite paroisse doit « fournir, lesquels ayant fait tirer au sort, suivant l'usage ordinaire, le sort est « échu au nommé Bernard Péré, dont le signalement a été par nous fait à « l'article de son nom. Ensuite de quoi nous avons expliqué audit soldat ses « devoirs, ses obligations, et les peines qu'il pourroit encourir en ne les rem- « plissant pas avec fidélité pour le service de Sa Majesté. Le tout conformément « à la susdite ordonance du 25 février dernier, de l'exécution de laquelle nous « avons chargé lesd. consuls en ce qui les concerne. En foy de quoi nous « avons signé notre présent procès-verbal, qui a été fait double, dont nous « avons laissé une copie auxd. consuls, les mois et an que dessus. — Lutilhous, « comre. (Arch. mun. de Lutilhous, feuille volante.)

(1) Charles-François-Frédéric de Montmorency-Luxembourg, fils du maréchal de Luxembourg et de Madeleine-Charlotte-Bonne-Thérèse de Clermont-Tonnerre, chevalier des ordres du Roi, lieutenant-général, mort en 1726.

l'espérance d'en revenir. Un nommé Mr de Lamarque, son amy, l'a secouru dans sa maladie avec beaucoup d'attachement et a fait toutes les honeurs de son enterrement, où j'assistay à la paroisse St Paul, il y a huit jours. Il n'a point fait de testament, mais comme il m'a paru qu'il s'en faloit qu'il n'eut rien, je n'ay fait aucune perquisition de ses affaires. Mr de la Marque m'a dit qu'il souhaitoit que M^rs ses frères fissent subsister sa sœur honestement au moyen de son bien de la Mote dont ils jouissent. Je croy leur bon naturel bien d'acord en cela avec les intentions du deffunt, cependant vous pourrez leur en faire part.

Vous pourriez toujours m'adresser vos lettres icy. Mr de Richemont vous fait ses compliments et à toute la famille, et moy j'assure de mes respects, mon oncle et ma tante, et tout le reste de la famille de mon amitié. Je vous prie de le bien témoigner à Mrs de Lanespède, si vous les voyez, et à M^rs d'Argelez (1). Comme je croy que vos relations ne vont pas jusqu'à Tarbes, je ne vous parle pas de Mrs de Couture aussi souvent que je pense à eux, cependant vous m'obligerez de leur faire savoir que je suis toujours fort leur amy et leur serviteur, et de Mr Dubuc. Je suis bien obligé au souvenir de M^r [de] Tarbes (2) et je suis fort de ses amys. Adieu, monsieur mon cher père, je vous embrasse de tout mon cœur.

(1) Jean-François d'Asson, seigneur d'Argelès, Chelles, Castillon, etc., et Germain d'Asson d'Argelès, son frère, décédé sans postérité. Jean-François d'Asson était marié à Marguerite de Saint-Pastou-Bonrepaux, et eut, entre autres enfants, Catherine-Josèphe, qui épousa, le 29 février 1724, l'auteur de ces lettres.

(2) François de Poudenx, fils d'Étienne de Poudenx, lieutenant de la compagnie d'hommes d'armes du duc d'Épernon, maréchal-de-camp, et de Paule-Gabrielle de Lasseran-Mansencôme, évêque de Tarbes, de 1691 à 1716.

XXIII.

Au Même.

(*Timbrée de Versailles.*)

A Versailles, chez Monier, au signe de la croix, rue de Conty, le 6me janvier 1706.

Je ne me suis point trompé, monsieur mon très-cher père, de ne pas compter sur M[r] de S[t] Pé (1) au sujet de la coppie de la route de Mrs de Lanespède que je l'avois prié de m'envoyer, ce qu'il a pourtant fait, mais inutilement, puisqu'il ne me l'envoye seulement que jusqu'à Agen; insin, dez que vous recevrez ma lettre, je vous prie d'envoyer à Mrs de Lanespède et de leur demander copie de leur route, depuis Bagnères jusqu'à Louvain, et de me l'envoyer icy incessament et aussi le temps à peu prez qu'ils devront partir; ils doivent recevoir leurs routes le 12 de ce mois.

Nous comptons que tous nos prisoniers vont revenir incessament, vous pouvez apprendre cette nouvelle à Mrs de Couture.

Il n'y a rien de nouveau dans ce pays icy que vous n'appreniez par la gasette.

Tâchez d'engager pour soldat le jeune homme de Montastruc (2), dont vous m'aviez parlé, ou pour valet, s'il ne veut pas absolument être soldat.

Si l'enfleure de la jambe du cheval gris luy continue toujours, ne lui faites rien que le monter quand vous ou mon oncle irez dans le voisinage, et luy faire laver avec des eaux grasses comme la laveure de la vaisselle.

Mandez-moy, s'il vous plaît, si la jument de Bustos (3) vous sert à quelque chose et si elle est bonne à porter des poulains.

(1) Probablement Henri d'Antin, seigneur de Saint-Pée. (Voir *Armorial des Landes*, par le baron de Cauna, t. III.)

(2) Canton de Galan (Hautes-Pyrénées).

(3) Métairie qui tirait son nom d'un quartier de la commune de Bourepaux où elle était située.

L'affaire des Estats est devant Mr de Torcy (1), nostre ministre, qui m'a promis de m'y faire plaisir. J'ay de plus escrit à Mr le chevalier de Croissy, son frère (2), qui est prisonier en Angleterre, affin qu'il m'envoye une lettre de recomandation pour luy. Je ne sçay si vous avez fini vostre affaire avec Mr Rey (3); vous devriez la finir en bien ou en mal.

Vous ne me dites jamais rien de Boussez.

Mes compliments, s'il vous plaît, à toute la famille et à tous nos amys.

Pendant la campagne de 1706, Louis XIV concentra tous ses efforts en Belgique où commandait Villeroi, qui se fit battre par Marlborough à Ramillies. En Allemagne, Villars reçut ordre d'agir de concert avec Marsin, de débloquer les lignes de la Moder et de la Lauter défendues par le prince de Bade, puis de se remettre sur la défensive. Ce plan, malheureusement trop timide, fut ponctuellement exécuté au moyen d'une série d'opérations qui ne rencontrèrent pas d'obstacle sérieux, et qui, toutefois, commencées en avril se

(1) Jean-Baptiste Colbert, marquis de Torcy, fils de Colbert de Croissy, frère du grand Colbert. La charge de secrétaire d'État des affaires étrangères lui était échue à la mort de son père. Il fut marié à Catherine-Félicité de Pomponne, et mourut âgé de 81 ans, le 2 septembre 1746. Un « Journal » de son ministère pendant les années 1709, 1710 et 1711 a été récemment découvert en Angleterre et publié par M. Frédéric Masson. (Paris, E. Plon, Nourrit et Cie, 1884.) Sarraméa l'appelle *nostre* ministre, parce que le secrétaire d'État des affaires étrangères avait, comme ses trois collègues, une partie d'administration intérieure, et que la Bigorre et le Nébouzan étaient compris dans son département.

(2) Louis-François Colbert, frère cadet du précédent, né le 15 février 1677, appelé d'abord le chevalier puis le comte de Croissy, colonel du régiment de Santerre en octobre 1692, brigadier d'infanterie le 29 janvier 1702, envoyé extraordinaire en Lorraine en 1784, et maréchal-de-camp la même année. Il fut fait prisonnier à Hochstædt, et échangé seulement en 1706. Lieutenant-général le 30 mars 1710, il épousa Marie Brunet, fille de Paul-Étienne Brunet de Rancy, fermier général, et de Geneviève Colbert.

(3) Avocat en parlement, habitant de Bonnefont. Allusion à des difficultés judiciaires au sujet du refus de paiement, par cet avocat, des fiefs d'Orieux.

terminèrent à peine à la fin de mai. La lettre qui suit, datée le 28 de ce mois, de Spire, fait allusion à cette campagne.

XXIV.

Au Même.

(*Timbrée Ar. de Villars.*)

Au camp de Spire (1), le 28me may 1706.

Vostre lettre du 18 avril, monsieur mon très-cher père, ne m'a esté rendue que hier, par le mouvement continuel où nous sommes depuis six sepmaines. Vous avez sans doubte apris le peu de résistance que nous avons trouvé pour venir icy. Nous y demeurerons jusqu'à ce que les ennemis nous en chassent.

J'avois bien preveu qu'on s'adresseroit à Mr de Tarbe pour s'instruire au sujet de l'entrée des estats que j'ay demandée; vous et moy lui avons obligation de la manière favorable dont il a répondu, aussi bien qu'à Mr. de Noguez (2) du soin qu'il s'est donné pour cette affaire. Comme je croy qu'elle est décidée présentement, je n'en écriray plus.

Je suis surpris que vous ne vous ressentiez pas de la guerre de Catalogne pour la débite de vos bestiaux et de vos denrées; le Languedoc est plus heureux que vous, car tout s'y débite; je ne désespère pas que vostre tour ne vienne si vous pouvez attendre.

Boyer a esté arresté au cartier général par Mrs de La Palu (3)

(1) Ville importante du bas Palatinat, dont l'évêque était seigneur particulier.

(2) Adrian de Noguès, secrétaire des États de Bigorre, marié, le 24 octobre 1715, à Jeanne de Fontaignères. (Arch. comm. de Tarbes, *Reg. paroiss.*, vol. VIII, p. 54.)

(3) François de Béon, comte de la Palu en Astarac, seigneur de Belloc, Moncassin, etc., capitaine au régiment de Guiche, par commission du 5 septembre 1693, et Louis de Béon La Palu, son frère, capitaine au même régiment de Coëtquen, ci-devant Guiche, par commission du 11 février 1705.

et je n'ay pas pu m'empêcher de le leur relâcher par leurs bonnes raisons, n'ayant voulu faire aucun acomodement avec moy ny pour de l'argent, ny pour des hommes, si bien qu'il n'a pas tenu à moy que je ne l'aye gardé; je vous prie d'en avertir Mr Mousset, et de luy faire bien mes compliments.

Mrs de la Palu qui sont icy m'ont fait mille amitiez en passant à leur garnison, je compte prendre ma revanche et que nous nous verrons souvent cette campagne. Je vous prie d'apprendre à Mme du Haget qu'ils sont en bonne santé et de luy faire bien mes compliments, aussi bien qu'à Mrs de Lagrange et à toute leur famille. Donnez- moy, vous ou mon oncle, de vos nouvelles au moins tous les mois. Je n'en ay pas receu du père Augustin depuis un temps infini, je luy écrirai au premier jour.

Je suis, mon très-cher père, vostre très-humble et très-obéissant serviteur.

SARAMÉA.

Mes compliments, s'il vous plaît, à toute la famille.

XXV.

A MONSIEUR DE SARAMÉA, CURÉ DE BONREPAUX, A TOULOUSE POUR PUYDARIEUX.

A Paris, le 27 x^bre 1706.

J'ay voulu esprouver, monsieur mon très-cher oncle, jusqu'où pourroit aller vostre indiférence et celle de mon père, de ne m'avoir pas escrit depuis le 20 d'aoust quoyque j'aye fait réponce ponctuellement. Je vous avoue que cela me tient si fort au cœur que j'avois résolu de vaincre là-dessus mon bon naturel, mais il faut pourtant qu'il prévaille sur toutes mes bonnes raisons. Pour peu que vous y soyez sensible, vous ne perdrez point de temps à y répondre et à me donner de vos nouvelles et de la famille à Saarloüis. Je partiray pour m'y rendre d'abord que j'auray dix ou douze hommes; j'en ay déjà cinq depuis le 10 de ce mois que je suis icy, mais comme les commencements sont toujours difficiles, j'espère que le reste ira plus vite, quoyqu'ils soint très-rares; c'est ce qui m'engage à me hasarder de vous prier de m'en procurer un ou deux à peu près de ma taille, vous assurant d'honeur que vous serez le maître de les retirer quand bon vous semblera. Je suis assez le maître de ma compagnie pour vous tenir ma parole. J'ay besoin d'un frater, et si cela réussit et que ce soit gens de bonne volonté, vous pouvez les envoyer à Mr Pesquier, capitaine du régiment à Puilaurans (1), à 7 lieues de Toulouse, qui me les mènera de bon cœur, écrivez-luy qu'il vous mande le jour de son départ : ma compagnie est à 29.

On est icy d'une misère qui fait trembler, on ne trouve pas un sol sur les meilleurs effects, ny même crédit. Les billets de monaye ont fait ce méchant effect (2). Au travers de tout cela j'ay esté assez hardy pour me faire un habit de 440 l. que j'ay payé avec un billet de monoye, ne pouvant faire autrement. Mandez-moy comme mon père se tire d'affaires pour ses tailles; je croy qu'il a plus besoin de vostre secours que jamais. Je ne vous parle plus d'augmentations et je compte que vous fairez beaucoup de maintenir les choses en l'estat. On espère que cela ne durera pas et que la paix se fera la campagne prochaine.

J'avois pensé à marier Lanespède avec ma cousine de Tillouse, voyez si cela se peut faire; pour moy j'y voy beaucoup de convevenance. Vous estes sur les lieux et vous voyez cela de plus près.

(1) Chef-lieu de canton de l'arrondissement de Lavaur (Tarn).

(2) Les billets de monnaie avaient été créés pour suppléer au numéraire qui se cachait ou sortait du royaume. Ce fut une triste opération. Pour les mettre en faveur on y attacha un intérêt de 7 1/2 pour cent. Mais cet intérêt, au bout de peu de temps, ne fut pas payé et le capital du billet finit même par n'être plus remboursé. Une dépréciation énorme s'ensuivit. Personne ne voulant plus accepter les billets, on inventa un expédient pour en forcer le cours. Le conseil du Roi ordonna qu'ils entreraient pour un quart dans tous les paiements entre particuliers à Paris, le Trésor se réservant pour lui-même le droit de les refuser. Cette mesure acheva de les avilir, ils perdirent 75 %. Les capitalistes ne voulurent plus prêter qu'à intérêt excessif à cause du quart en papier. La détresse générale atteignit alors à son comble. C'est le moment où, excités par l'amour du bien public, Vauban et Boisguilbert élevèrent leurs voix généreuses, trop tôt étouffées par les protestations égoïstes de ceux que les abus enrichissaient.

J'ay veü aujourd'huy Mr d'Antin pour la première fois; il m'a paru qu'il n'estoit pas fâché de me voir. Vous avez Mr de Lahite dans le païs, c'est mon bon amy, je vous supplie de luy faire bien des amitiez de ma part et de boire à ma santé ensemble. Adieu, mon très-cher oncle, il ne me reste plus qu'à vous assurer toujours de ma sincère amitié et que je suis bien véritablement vostre très-humble et très-obéissant serviteur.

SARAMÉA.

Mille compliments, s'il vous plaît, à toute la famille et à tous nos amis.

Plaignez la disgrâce du pauvre Fourcaut. Je l'avois envoyé ce matin chez Richemont; la soupe a esté mangée quand il a esté revenu, et il n'a point voulu se réduire au reste de la viande, et il a juré qu'il ne mangeroit plus icy. Je croy qu'il tiendra parole, car je ne l'ay pas veu depuis. Aparament il aura esté trouver un officier qui luy a promis 20 escus et dont il m'a menacé, mais on est si infidelle à tenir sa parole là-dessus dans ce pays icy, que je croy que c'est pour estre soldat. Il me jette pourtant dans l'embarras d'avoir soin de ma recrue et de mes chevaux, mais ce qui me console c'est que j'en auray un autre ce soir qui vaudra mieux que celuy-là.

Mr de Richemont, qui est ici, vous fait bien des compliments et à toute la famille.

XXVI.

AU MÊME.

(Timbrée de Château-Thierry.)

A Château thierry (1) le 14e janvier 1707.

Je suis enfin sur le chemin de ma garnison, monsieur mon très-cher oncle, avec une petite recrue de 4 hommes. La rareté dont ils

(1) Chef-lieu d'arrondissement du département de l'Aisne.

sont, aussi bien que l'argent, ne m'ont pas permis d'en rassembler davantage. Je compte pourtant avec les 4 hommes que le lieutenant qui travaille pour moy doit me faire, de mettre ma compagnie à 40. En tout cas j'auray lieu de me consoler des désagréments de la guerre si vous me conservez toujours, mon très-cher oncle, vostre amitié.

Je compte de vous aller voir à la paix; ce sera bientôt, car le roy nous la promet cette année. La naissance de Mgr le duc de Bretagne (1) luy a donné une grande joye, aussi bien qu'à toute la cour. Je me trouvay ce jour-là à Versailles et je fus présent aux compliments que le roy (2) et la reyne d'Angleterre (3) luy en firent. Il mena la reyne par la main chez Mme la duchesse de Bourgogne (4), chez Mgr le duc de Bretagne et chez Madame (5). Je souhaite que toutes ces nouvelles vous donnent de la joye et que celle de la paix soit vraye. En vérité, il y a bien de l'aparance, car tout le monde a lieu de la désirer.

Pendant que les uns se réjouissent, les autres gémissent. Le roy a retranché, le premier de l'an, les deux tiers de la pension de

(1) Louis de France, duc de Bretagne, fils du duc et de la duchesse de Bourgogne, né à Versailles, le 8 janvier 1707. Il fut Dauphin après la mort de son père (18 février 1712), mais il ne le fut pas longtemps, car il mourut lui-même de la petite vérole quinze jours après, dans la nuit du 8 mars 1712. On connaît à ce sujet le billet de Mme de Maintenon au cardinal de Noailles : « Ce 8 mars, à huit heures du soir, 1712. — Nous avons la rougeole bien près « de nous, Monseigneur, et, selon toutes les apparences, elle emportera cette « nuit Mgr le Dauphin : Mr le duc d'Anjou paroit être un peu moins mal; « Dieu conserve celui-ci, car pour l'autre il faudroit un miracle. »

(2) Jacques-François-Édouard, prince de Galles, reconnu roi d'Angleterre par la France, sous le nom de Jacques III, après la mort de Jacques II son père, survenue à Saint-Germain-en-Laye, le 16 septembre 1701.

(3) Béatrice-Éléonore d'Est, mère du précédent, fille d'Alphonse IV, duc de Modène, et de Laure Martinozzi, mariée, le 30 septembre 1673, au duc d'York, depuis Jacques II, morte le 7 mai 1718.

(4) Marie-Adélaïde de Savoie, fille de Victor-Amé II, duc de Savoie, et d'Anne d'Orléans, mariée, en vertu des stipulations de l'art. 3 du traité de Turin et par contrat du 15 septembre 1696, à Louis, duc de Bourgogne, second Dauphin, morte à Versailles, le 12 février 1712, âgée de 26 ans.

(5) Élizabeth-Charlotte de Bavière, née le 17 mai 1652 de Charles-Louis de Bavière, comte Palatin du Rhin, électeur de l'Empire, et de Charlotte de Hesse seconde femme et veuve, en ce moment, de Monsieur, frère unique du Roi, qui était mort le 9 juin 1701.

Mme de Montespan (1), et je ne croy pas que M[r] d'Antin serve cette campagne (2).

Je croy que le trop grand ménagement qu'il a voulu garder pour le mariage de M[r] son fils avec Mlle de Noailles (3) en est en partie la cause. Quoy qu'il en soit, je croy qu'il y gaigne encore

(1) Françoise-Athénaïs de Rochechouart-Mortemart, trop connue par l'éclat de ses fautes, pas assez par sa conversion qui fut l'œuvre du célèbre P. de la Tour, général de l'Oratoire. Lorsque le Roi lui manda qu'il retranchait une partie de sa pension, elle « n'en témoigna pas la moindre peine ; elle répondit « qu'elle n'en étoit fâchée que pour les pauvres, à qui, en effet, elle donnoit « avec profusion. » (Saint-Simon, t. III, p. 370, édit. Chéruel.) Quelques temps après, aux eaux de Bourbon, un mal subit la frappa. « Elle profita d'une courte « tranquillité pour se confesser et recevoir les sacrements. Elle fit auparavant « entrer tous ses domestiques jusqu'aux plus bas, fit une confession publique de « ses péchés publics et demanda pardon du scandale qu'elle avait si longtemps « donné, même de ses humeurs, avec une humilité si sage, si profonde, si péni- « tente, que rien ne put être plus édifiant. Elle reçut ensuite les derniers « sacrements avec une piété ardente... Elle ne s'occupa plus que de l'éternité, « quelque espérance de guérison dont on voulut la flatter, et de l'état d'une « pécheresse dont la crainte était tempérée par une sage confiance en la misé- « ricorde de Dieu, sans regrets et uniquement attentive à lui rendre son sacrifice « plus agréable, avec une douceur et une paix qui accompagna toutes ses actions. » (Saint-Simon, t. IV, p. 13, édit. citée.)

(2) Il ne servit pas en effet, et cette disgrâce l'affligea profondément. « Après « ces vingt-quatre années dont je viens de parler, dit-il dans ses mémoires, « après la manière dont j'avois servi et fait ma cour, après toute la satisfaction « que le Roy en avoit témoignée, je me suis trouvé, au commencement d'avril « 1707, retranché du service, à la vérité en bonne compagnie, faible consolation, « sans que l'on m'ait dit un mot, ni fait la moindre honnêteté. » (*Mém.*, p. 32.) En note, l'éditeur ajoute : « Quelle fut la cause de ce retranchement qui semble avoir donné à l'auteur de cet écrit un si cruel chagrin ? Je ne trouve rien dans les mémoires du temps qui puisse fournir une réponse à cette question. Dangeau, selon ses habitudes de gazetier, se borne à dire, sous la date du 2 mars 1707 : « Il y a trois ou quatre officiers généraux auxquels on n'a point « parlé de servir en Flandres, et cela leur fait croire qu'ils ne serviront pas « cette année. » Faudra-t-il voir dans un événement qui tient tant de place dans nos Mémoires, une suite de la malveillance que Saint-Simon suppose à Madame de Maintenon pour M. d'Antin, tant que vécut Madame de Montespan, et dont Chamillart, ministre de la guerre et créature de la première, aurait été l'instrument, etc. ? » Sarraméa paraît être fort au courant, puisqu'il annonçait la disgrâce du duc plus d'un mois avant Dangeau, mais il en indique discrètement le motif, sans le faire comprendre très clairement.

(3) Marie-Victoire-Sophie de Noailles, née le 6 mars 1688, fille d'Anne-Jules, duc de Noailles, pair et maréchal de France, et de Marie-Françoise de Bournonville. Elle eut trois enfants de son mariage avec le marquis de Gondrin, qui eut lieu le 25 janvier 1707, mais, devenue veuve au bout de cinq ans, elle épousa en secondes noces le comte de Toulouse.

par la différence qu'il y a de cinquante mille livres de rente à rien. Ménagez là-dessus dans le pays la liberté de mes sentiments comme vous le jugerez à propos; dans celuy-cy les gens qui parlent aussi naturelement que moy passent pour des sots; pour moy je sçay à qui je parle.

Donnez-moy au moins de vos nouvelles deux fois le mois, je vous en conjure, car quelque rare que l'argent soit, je le trouve fort bien employé pour vos lettres, et je puis vous dire avec la même sincérité que, n'estoit mon devoir et mon obligation, je souheterois d'estre avec vous; mais enfin vous sçavez qu'un cadet de Gascogne doit chercher fortune.

Je ne vous en dis pas davantage, mon très-cher oncle, je me recomande toujours à vous et à toute la famille dont je vous prie de me donner des nouvelles par le détail à Saarloüis, et de me croire toujours, monsieur mon très-cher oncle, vostre très-humble et très-obéissant serviteur.

SARAMÉA.

La déroute de Ramillies avait tristement marqué, du côté de la Belgique, l'année 1706. Nous n'avions guère été plus heureux en Italie et en Espagne. En Allemagne toutefois, comme nous l'avons vu par une lettre précédente, Villars avait poussé jusqu'à Spire et rejeté le prince de Bade de l'autre côté du Rhin. Au printemps de 1707, il poursuivit sa marche en avant. Le prince de Bade était mort et avait eu pour successeur dans son commandement le margrave de Brandebourg-Bayreuth. L'armée allemande occupait les vastes lignes qui s'étendent sur la rive droite du Rhin, de Philipsbourg à Stolhofen et de Stolhofen aux montagnes noires par Bühl. Elle devait se jeter sur l'Alsace; Villars la prévint. Le 22 mai il fit attaquer les lignes ennemies par quatre points à la fois. Pendant que deux corps français traversaient le Rhin, l'un en face d'Ettlingen, l'autre vers Stolhofen, un troisième corps favorisait leur descente par une fausse attaque sur l'île de Dahlund; enfin, le reste de l'armée, sous les ordres de Villars, passait le fleuve tout au-dessus de Kehl, prenait les lignes à revers et mettait l'ennemi en fuite, presque sans coup férir. Sarraméa faisait partie du corps d'armée qui, conduit par Villars en personne, décida de la victoire qui porte le nom de victoire de Bühl. Trois jours après, il campait à Rastadt, et, tout étonné de s'y voir, il rendait compte à sa famille, avec quelque fierté, d'un succès qui réparait en partie le désastre de Hochstædt.

XXVII.

A Monsieur de Saraméa a Toulouse pour Puidarieux.

(*Timbrée Ar. de Villars.*)

Au camp de Rastat (1), le 25e may 1707.

Vous serez sans doubte surpris, monsieur mon très-cher père, de voir la date de ma lettre du camp de Rastat. C'estoit la résidence de feu M[r] le prince Louis de Bâde (2); il a falu, pour y venir, forcer les lignes de Stolofen (3), deffendues par quinze mille hommes. Il ne nous en a coûté qu'un homme noyé. Ils ont abandonné, après trois attaques par différents endroits, et à la nôtre, du canon et tout leur camp tendu. On répète dans ce pays les contributions de cinq ans. Les soldats sont bien; M[r] de

(1) Ville de la principauté de Bade.

(2) Louis-Guillaume, prince de Bade, fils de Ferdinand-Maximilien, marquis de Bade, et de Louise-Christine de Savoie, naquit à Paris, le 8 avril 1655, et eut Louis XIV pour parrain. Il épousa, le 27 mars 1690, Françoise-Sybille-Auguste, fille de Jules-François, duc de Saxe-Lawembourg. Attaché de bonne heure à l'Empereur, il rendit de grands services dans les guerres de Hongrie contre les Turcs. Il prit part, dans la suite, aux guerres contre la France, particulièrement sur le Rhin, dont il fut l'intrépide défenseur, et mourut le 4 janvier 1707, dans sa 52me année, laissant la réputation d'un des capitaines les plus expérimentés de son temps.

(3) Petite ville de la principauté de Bade.

Vilars (1) veut suivre la victoire jusque dans l'Empire et veut raser de sa main la piramide que les ennemis ont élevée à Hoschtet (2), à la honte de la nation (3). Nous sommes icy 40,000 hommes fort disposez à le seconder. Je vous feray part de ce qui se passera de considérable (4).

Donnez-moy, s'il vous plait, de vos nouvelles, et soyez toujours seur de mon attachement et de mon respect.

SARAMÉA.

Bien des compliments, s'il vous plait, à la famille et à tous nos amys.

(1) Claude-Louis-Hector, duc de Villars, pair et maréchal de France, né à Moulins le 18 mai 1653, mort à Turin le 17 juin 1734, à 81 ans.

(2) Village de Bavière, sur le Danube.

(3) L'empereur Léopold y avait fait graver cette insulte à l'orgueil du grand Roi : *Agnoscat tandem Ludovicus XIV neminem debere ante obitum aut felicem aut magnum vocari.* Lorsque l'électeur de Bavière fut rétabli dans ses États, en 1724, il fit disparaître la colonne de Hochstædt.

(4) Villars, dans ses *Mémoires*, se montre très fier de cette victoire, due à sa hardiesse et à son habileté : « Les troupes qui m'étaient opposées, dit-il, sous les « ordres du prince de Dourlach, gagnèrent les montagnes ; les autres se replié- « rent sur Mulberg, où était le marquis de Bareith. Nous nous rejoignîmes de « nos différentes attaques dans le centre des lignes, où le camp étoit tendu « presque partout. Nous y trouvâmes une quantité prodigieuse d'artillerie, « quarante milliers de poudre, des boulets et grenades à proportion, des habille- « ments complets pour plusieurs régimens, un pont portatif avec tous ses « haquets, des magasins immenses de farine et d'avoine, et ce qu'il y eut de « plus heureux, c'est que ce grand et prodigieux succès ne couta pas un seul « homme.....

« J'allai coucher à Rastadt, magnifique palais du prince de Bâde, que je « trouvai tout meublé et que je conservai soigneusement.....

« J'envoyai des mandemens pour les contributions en Franconie et en Souabe, « à plus de quarante lieues à la ronde ; et comme j'en avois imposé à ces divers « États, lorsque j'étais entré dans l'Empire en 1703, j'exigeai ce qui n'avoit « pas été payé depuis que les armées du Roi en avoient été chassées après la « seconde bataille d'Hochstædt. » (*Mém. du maréchal de Villars*, collect. Michaud et Poujoulat.)

XXVIII.

A Monsieur de Saraméa, curé de Bonrepaux, a Toulouse, pour Puydarieux.

A Paris le 27e x^bre^ 1707.

J'ay receu, monsieur mon très-cher oncle, des nouvelles de mon père, où vous n'estes qu'en général; vous me fairez plaisir de m'en donner des vostres à Hagneau (1) en Alsace. Je pars demain pour y aller avec 7 hommes de recrüe.

J'ay veu icy M^r^ et Madame d'Antin, Mr de Gondrin (2), M^r^ le chevalier de Gondrin (3) et le petit Mr de Bellegarde (4). J'ay receu toutes les honestetés du monde dans cette maison, aussi bien que de Mrs de Poudens (5). M. d'Aucian est icy; nous sommes logez

(1) Haguenau, place de guerre en basse Alsace, chef-lieu de canton de l'arrondissement de Strasbourg, ancien département du Bas-Rhin.

(2) Louis de Pardaillan, marquis de Gondrin, fils aîné du duc d'Antin et de Julie-Françoise d'Uzès; né le 3 juillet 1688. Il fut menin de Mgr le Dauphin, colonel d'un régiment d'infanterie de son nom, brigadier des armées du Roi, épousa Sophie de Noailles, dont il eut trois enfants, et mourut de la petite vérole à Versailles, le 5 février 1712. Son père ressentit de cette perte prématurée une douleur dont il consignait, plusieurs années après, l'expression dans ses Mémoires : « Au mois de février 1712, dit-il, je perdis de la rougeole mon « fils aîné, âgé de vingt-deux ans : il avoit eu le bonheur d'acquérir beaucoup « de réputation à la guerre, s'étant distingué à la bataille de Ramillies où il « eut une cuisse percée d'un coup de mousquet; dans Menin où il fut assiégé « ensuite, où il entra sur des potences; à Oudenarde et à Malplaquet.

« Quoiqu'il m'ait laissé trois garçons, j'ay perdu en sa personne mes plus « chères espérances, et les projets que je pouvois avoir de profiter des bontés « du Roy pour les faire tomber sur luy. » (*Mémoires*, p. 88.)

(3) Louis-Marie de Pardaillan, mousquetaire du Roi, mort jeune aussi le 10 juillet 1707.

(4) Gabriel-François-Balthazar de Pardaillan, dit le marquis de Bellegarde, frère jumeau du précédent, capitaine de vaisseau, marié le 28 janvier 1716 à Françoise-Élizabeth-Eugénie de Verthamon, fille unique de François de Verthamon, marquis de Breau, commandeur des ordres du Roi, premier président au grand conseil, et de Marie-Anne-Françoise Bignon, mort le 5 décembre 1719.

(5) Il s'agit probablement de Mgr de Poudenx, évêque de Tarbes, et de son neveu Henri, marquis de Poudenx, baron de Saint-Cricq en Chalosse; celui-ci était fils de Bernard de Poudenx et de Jeanne de Baffoigne, et marié à Esther de Gassion. D'abord colonel d'un régiment de milice de Bordeaux,

ensemble, il vous fait ses compliments et à toute la famille. L'affaire des estats n'est pas praticable, c'est une innovation que le roy ne veut pas faire, et après tout, si vous n'en estes pas plus faché que moy, vous n'en pleurerez pas, car cela n'aboutit à rien.

Les augmentations que vous faites à Saramea me font plus de plaisir; Mr de la Plume, palfrenier de Mr d'Aucian, m'en a rendu un fort bon témoignage. Je voudrois bien que vous puissiez pousser cela jusqu'à achepter la meterie de Mr de Lagrange, et quand même elle ne seroit pas rétablie vous pourriez mettre les métayers au château; il faut espérer que cela pourra venir dans son temps. Mille compliments s'il vous plait à toute la famille et donnez-moy des nouvelles de ma tante de Segure dont vous ne me dites jamais rien; je m'en souviens toujours avec amitié et avec respect. Je suis ravy que Mr de Lagrange vous aye procuré une aussi aymable niepce que Mlle de la Hite; si cela est déjà fait, faites-lui en s'il vous plait mon compliment (1).

Je n'ay pas pu aller vous voir cet hiver parce que le temps est trop court, il faudra remetre la partie à l'hiver prochain; en attendant chagrinez-vous toujours le moins que vous pourez et préférez vostre satisfaction et vostre santé à toutes choses.

La brutalité de Galan et l'attention qu'il avoit à me donner des occasions de chagrin m'ont déterminé aprez une longue patience

Henri de Poudenx se distingua dans la guerre entre la France et la Savoie, en 1690. Le marquis de Feuquières était cerné dans la vallée de la Luzerne par les Vaudois qui occupaient les collines environnantes. Sur cinq régiments de milice, quatre perdirent contenance; « celui de Bordeaux répara la défaillance « des autres : Mr de Poudens mit l'épée à la main, entraîna son régiment et « reconquit la hauteur. Le lendemain, des troupes envoyées par Catinat appa- « rurent; Feuquières put se retirer en bon ordre; ses troupes allèrent grossir « l'armée qui livrait quelques jours après, 18 août, la bataille de Staffarde. » (*Histoire des milices provinciales*, par Jacques Gebelin, p. 46.)

Le 3 octobre 1692, le Roi créa douze régiments et donna l'un deux, celui de Gatinois, à Poudenx, qui fut fait brigadier d'infanterie le 3 janvier 1696. (Voir *Mis de Sourches*, t. III, p. 285; t. IV, p. 128 et t. V, p. 93.)

Les Poudenx portent *d'or à trois chiens courants un sur l'autre, de gueules.*

(1) Ce mariage, entre Louis de Lagrange, dont il a été parlé, et Françoise de La Hitte, fut célébré le 18 janvier 1708. Mlle de La Hitte était fille de Jacques de La Hitte, seigneur de la Penne de Sère en Lavedan, et de Madeleine de Fleurance. (Arch. mun. de Bonrepaux, *Reg. paroiss.*; — Larcher, *Dict.*, vo Boussès, p. 1232.)

à le renvoyer; si cependant il n'est pas au logis vous me fairez plaisir de le rapeller, peut-estre aura-t-il plus de ménagement pour vous que pour moy.

Je vous embrasse de tout mon cœur et suis, monsieur mon très-cher oncle, vostre très-humble et très-obéissant serviteur,

SARAMÉA.

En 1708 on eut le tort d'enlever Villars à ses succès pour l'envoyer dans les Alpes. Le duc de Bourgogne et Vendôme commandèrent en Flandre, l'Électeur de Bavière et le maréchal de Berwick en Allemagne. Ceux-ci paraissaient devoir subir les premières attaques. Le dessein de l'Électeur de Hanovre et du prince Eugène était de fondre sur eux par le Rhin et par la Moselle avec deux armées de soixante mille hommes chacune, tandis que Marlborough occuperait en Flandre la grande armée française; mais le prince Eugène ne reçut pas les contingents qu'il attendait et résolut dès lors de se joindre au général anglais pour tenir tête à l'armée du nord. Le maréchal de Berwick suivit ce mouvement et se rendit en Flandre. L'Électeur de Bavière demeura seul en présence de l'Électeur de Hanovre, avec mission de contenir l'ennemi dans ses lignes d'Ettlingen qu'il avait élevées durant l'hiver pour remplacer les lignes de Bühl à Stolhofen. La lettre du 8 août décrit la position des deux armées.

XXIX.

A MONSIEUR DE SARAMÉA.

A l'armée d'Allemagne, le 8e août 1708.

Je reçois dans ce moment, monsieur mon très-cher père, vostre lettre du 20e de juin avec un fort grand plaisir; les différents mouvements que nous avons faits depuis qu'elle est écrite sont cause de son retardement. Nous voicy présentement en repos pour quelque temps, parce que nous ne craignons pas les ennemis. Nous les tenons en bride dans leurs lignes d'Etlingue (1) par un pont sur le Rhin à Guenbac, par le moyen duquel nous sommes les maîtres d'entrer s'ils font un mouvement pour monter le Rhin et pour le passer du côté de nos lignes de Lauterbourg (2), ou bien pour le descendre pour passer à Philisbourg (3) et venir sur nous; cela fait que nous serons icy tant qu'il y aura de quoy fourrager, après quoy nous rentrerons dans nos lignes. Je souhaite que le prince Eugène (4) ne vienne pas nous y voir à son retour de Flandres.

L'Électeur (5) va aux eaux de Plombières le 25 de ce mois, accompagné de plusieurs officiers généraux. Vous sçavez la malheureuse affaire de Flandres (6), j'y croyois Mr de Lanespède et je luy ay écrit; M^r^ son frère retirera peut-estre la lettre. Il me tarde fort de sçavoir le sort de ce dernier. Pour le premier, je suis ravy qu'il soit auprès de Mlle sa cousine; il faut espérer que ce petit commerce aura d'heureuses suites; pour moy je le désire de tout mon cœur. La chose me paroit fort avantageuse pour l'un et pour l'autre, et encore plus s'ils anticipoint sur les droits du Pape (7), qui n'en seroit pas plus pauvre pour cela.

Je sens bon gré à M^r^ le chevalier de Lahite d'avoir pris le parti

(1) Village de la principauté de Bade.

(2) Place de guerre en basse Alsace, chef-lieu de canton de l'arrondissement de Wissembourg, ancien département du Bas-Rhin.

(3) Place de guerre du bas Palatinat, près de Spire.

(4) François-Eugène de Savoie, généralissime des armées impériales, si connu sous ce nom de prince Eugène, qu'il illustra sur une foule de champs de bataille. Il était fils d'Eugène-Maurice de Savoie, comte de Soissons, et d'Olympe Mancini. Né à Paris le 18 octobre 1663, il mourut à Vienne le 27 avril 1736.

(5) Maximilien-Emmanuel II, duc et électeur de Bavière, notre allié, né en 1685, marié en premières noces à Marie-Antoinette, fille de Jean Sobieski, roi de Pologne, et de Marie-Louise de La Grange d'Arquien, mort en 1726.

(6) La bataille d'Oudenarde, gagnée par le prince Eugène et Marlborough contre le duc de Bourgogne et Vendôme, le 11 juillet 1708.

(7) Clément XI (Jean-François Albani), élu Pape le 23 novembre 1700, mort le 19 mars 1721. Ce pape avait augmenté, par un édit de 1708, la valeur de l'or et par suite la taxe d'expédition des actes de la chancellerie romaine :

d'aller en Espagne où la guerre est bonne et à portée de chez luy, et dans un bon régiment dont le lieut.-colonel est son parent et son amy. Cela est préférable au régmt de Languedoc qui n'est plus le même et où il n'y a rien à faire.

Le retour de Mr de Boussez me fait un fort grand plaisir; vous devriez tâcher de le mettre avec Montaut, car je ne voy que cela qui luy conviene, sans quoy s'il demeure à Bonrepos quelque temps, il pourra bien se trouver comme il estoit, sans argent; il doit profiter de ce rayon de fortune et suivre cela.

Pour revenir à Montaut j'ay apris son sort malheureux par le père Augustin qui me fait espérer qu'il n'en mourra pas.

Vous estes fort heureux qu'on aye pris les voleurs qui estoit auprès de Monrejau, et vous devez souhaiter qu'on ne change point la punition que leur crime mérite.

Vous me paroissez inquiet sur l'achapt que vous avez fait par prélation des pièces de Dupont; vous seriez bien malheureux qu'on vous les fît rendre; prenez garde qu'il n'y ayt quelque anguile sous roche là dedans et que la procuration que je vous envoyay de luy ne soit pour agir contre vous. Pour sa donnation, je n'en ay que faire, et quelque avantage que je trouve à avoir une meterie à Ourious (2), je préfèrerai toujours Saramea si j'estois à même de cela. Voyez, de vostre côté, avec mon oncle, d'achepter la meterie de Mr de Lagrange avec des expédients, puisque vous n'avez point d'argent. En attendant, attachez-vous à y augmenter les préries et les bestiaux, car vous n'avez dans ce pays-là que ce seul moyen pour vivre.

Il n'y a icy personne de vostre cognoissance. Bien des compliments s'il vous plait à toutes les familles et tous nos amys, et de vos nouvelles au plus tôt.

bulles, dispenses de mariage, etc. Il fut défendu aux banquiers expéditionnaires de payer la nouvelle augmentation et de lever aucune expédition jusqu'à ce que le Roi eut pris parti dans cette affaire, « dont la durée embarrassait beaucoup « de particuliers. » C'est à ces embarras sans doute que se rapporte la boutade de l'auteur. (Voir *Journal inédit de Jean-Baptiste Colbert, Mis de Torcy*, par Frédéric Masson, p. 42.)

(1) Chef-lieu de canton de l'arrondissement de Saint-Gaudens (Haute-Garonne).

(2) Orieux, commune du canton de Tournay (Hautes-Pyrénées).

Je suis, monsieur mon très-cher père, vostre très-humble et très-obéissant serviteur.

SARAMEA.

Les grands commandements furent de nouveau remaniés au printemps de 1709. Villars passa de l'armée des Alpes à l'armée de Flandre; le duc d'Harcourt fut envoyé en Alsace. Les Allemands prirent l'offensive de ce côté, au mois d'août. Le maréchal d'Harcourt était posté derrière les lignes de la Lauter avec vingt et quelque mille hommes. L'Électeur de Hanovre avec des forces supérieures, feignit de se porter sur lui en passant le Rhin à Philipsbourg, mais cette attaque simulée devait en réalité donner le change et permettre au général de Mercy de pénétrer en Alsace par la frontière de Suisse. Le général, en effet, ayant violé le territoire de Bâle, occupait Neubourg, entre Huningue et Brisach; il était convenu que lorsqu'il aurait jeté un pont sur le Rhin, Hanovre repasserait le fleuve et suivrait avec toute son armée. Le maréchal d'Harcourt déjoua cette manœuvre. Il expédia en toute hâte le lieutenant-général du Bourg, qui alla droit à Neubourg. Mercy accepta le combat en plaine et fut complètement battu. Ce fut le combat de Rumersheim, dont la lettre du 28 août fait le récit.

XXX.

A Monsieur de Saraméa, curé de Bonrepos a Toulouse pour St Girons.

(Timbrée de l'armée d'Allemagne.)

Au camp de Lauterbourg, le 28 aout 1709.

Après l'affaire qui s'est passée en Haute-Alsace auprès de Neubourg (1), le 26e de ce mois, je ne doubte point, monsieur mon très-cher oncle, par l'intérêt que vous prenez en moy, que vous n'en soyez en peine. Je ne veux point vous laisser plus longtemps en inquiétude là-dessus sans vous en faire un détail.

Mr le comte de Mercy avoit esté détaché, il y a quelques jours, de l'armée des ennemis qui estoit campée à une demy-lieue d'icy, auprès de Lautrebourg; Mr le comte du Bourg (2) fut détaché de la nostre à même temps pour le cotoyer en remontant le Rhin. Le premier le passa en Suisse, malgré les habitants du pays (qui furent forcez) et fut se poster vis-à-vis Neubourg pour faciliter la construction d'un pont de bâteaux malgré Mr le comte du Bourg qui ne fut point assez fort pour s'y opposer.

Mr le maréchal d'Harcourt (3) luy envoya d'autres troupes, avec ordre d'attaquer les ennemis qui s'estoit grossis jusqu'au nombre de 6000 hommes. Mr du Bourg luy estoit inférieur, il avoit sous luy Mrs de Imecour, lieut.-général, Mr de Danlezi, mal de camp (4), et Mr de Quad, mal de camp (5). Il attaqua les

(1) Petite ville du pays de Brisgau, sur la rive droite du Rhin.

(2) Éléonor-Marie du Maine, comte du Bourg, né le 14 septembre 1655, de Philippe et d'Éléonore de Damas; lieutenant-général depuis 1702, commandeur de Saint-Louis, nommé chevalier de l'ordre à la suite de la victoire de Rumersheim; maréchal de France en 1725, mort gouverneur de Strasbourg le 15 janvier 1739, âgé de 84 ans.

(3) Henry duc d'Harcourt, né le 2 avril 1654, maréchal de France en 1703, chevalier des ordres du Roi, capitaine des gardes du corps de Sa Majesté, lieutenant-général au gouvernement de Normandie, marié, le 31 janvier 1687, à Marie-Anne-Claude Brulart, mort le 19 octobre 1718.

(4) Louis-Antoine-Erard de Damas, comte d'Anlezy, nommé commandeur de Saint-Louis après Rumersheim.

(5) Mestre de camp du régiment de Royal-Allemand cavalerie levé en 1671, brigadier des armées le 25 avril 1691, lieutenant-général le 1er octobre 1718.

ennemis avec tant de vigueur qu'il les rompit sans leur donner le temps de se rallier, quoique néanmoins leur aile gauche eut eu quelque avantage sur nostre droite. Mr de Conges (1), colonel réformé à la suite des dragons de Bretagne, qui en a porté la nouvelle à M^r^ le maréchal, profita de leur désordre et attaqua la teste de leur pont qu'il força et se rendit le maistre du pont qu'on aura aparament fait descendre à Brisac. Les ennemis n'ayant plus de retraite furent taillez en pièces; l'infanterie, qui n'a point d'éprons, y a plus souffert que la cavallerie. On compte pourtant qu'ils n'y ont perdu en tout que 1200 hommes tuez, deux mille prisonniers, et le reste s'est sauvé en Suisse ou en Lorraine.

On leur a pris 4 pièces de canon, plusieurs drapeaux et estendarts et 9 mulets chargez d'or et d'argent des contributions qu'ils avoint exigées. Nous n'y avons perdu que peu de monde, M^r^ de St Aulaire entr'autres colonel d'Anguien (2). Barège y estoit; je ne sçay comment il s'en sera tiré. Voylà une affaire fort hureuse; si elle eut manqué nous estions déjà en chemin avec toute l'armée, à la réserve de neuf bataillons et un régiment de dragons pour aller tout risquer pour les chasser de dessus nos terres. Mais nous sommes revenus sur nos pas avec beaucoup de joye. On parle beaucoup d'une suspension d'armes. J'oubliois de vous dire qu'ils avoit laissé un gros détachement à Haguenbac, qui eut ordre sur cette mauvoise nouvelle de se retirer à Landau, avec précipitation. Leur armée est rentrée dans leurs lignes d'Etlingue; nous espérons que nous serons assez forts pour sortir des nostres au retour de M^r^ le comte du Bourg.

Voylà bien des nouvelles que je vous mande, faites-en de même je vous prie de vostre côté, et soyez persuadé que les vostres me seront toujours très-chères, ayant l'honneur d'estre très-parfaitement, monsieur mon très-cher oncle, vostre très-humble et très-obéissant serviteur.

SARAMÉA.

Le Roi le gratifia d'une pension de trois mille livres en récompense de sa belle conduite à Rumersheim.

(1) De Conches, brigadier d'infanterie le 1er février 1719, gouverneur de Queiras et commandant à Saint-Bertrand de Comminges. (Le Père Ange, *État de la France*, t. III, p. 445, t. IV, p. 166 et 190.)

(2) Louis de Beaupoil, marquis de Saint-Aulaire.

Mes compliments, s'il vous plait, à toute la famille (1).

La victoire de Rumersheim avait éclairé d'un rayon de fortune la sombre détresse du royaume, les conséquences de la glorieuse défaite de Malplaquet (11 septembre 1709) en furent sensiblement atténuées. Mais le pays n'en était pas moins à bout de forces et Louis XIV dut demander la paix en suppliant. L'arrogant dédain des alliés accueillit ses plénipotentiaires à la conférence de Gertruydenberg, quand tout-à-coup une révolution ministérielle à Londres vint frapper Marlborough en plein triomphe, et les nouveaux ministres se prononcèrent ouvertement pour la paix. La

(1) Il n'est pas sans intérêt de rapprocher de la lettre de Sarraméa celle que le comte du Bourg écrivait le 27 août au secrétaire d'État Voysin, pour l'informer de sa victoire de la veille; elle est datée de Vieux-Brisach : « Je ne « doute point que M[r] le maréchal d'Harcourt, auquel j'envoyai hier deux « courriers de dessus le champ de bataille de Rumersheim, ne vous ait mandé « la victoire complète que la petite armée du Roi, que j'ai l'honneur de com- « mander, remporta hier sur celle de l'Empereur, commandée par M[r] le comte « de Mercy, plus forte que celle de Sa Majesté. Je mis en partant d'ici les « troupes du Roi en marche à trois heures du matin, j'arrivai un peu en deçà « de Rumersheim avant midi. Faisant halte, étant en colonne, pour rafraîchir « le soldat, je vis l'armée impériale venir au-devant de celle de Sa Majesté; « aussitôt je songeai à former la ligne; je fus en bataille en même temps que « l'ennemi qui m'attendait. Je marchai à lui, le cavalier l'épée à la main et le « soldat le fusil sur le bras, avec défense de tirer; le tout fut si exactement « exécuté qu'après que les troupes de Sa Majesté eurent essuyé le feu, elles « entrèrent dans celles de l'Empereur l'épée à la main et la baïonnette au « bout du fusil, avec tant d'ardeur que l'ennemi en fut écrasé et ne pensa qu'à « s'enfuir, si vivement poussé qu'il ne put se rallier.

« Il y a sur le champ de bataille plus de quinze cents morts des ennemis; « j'ai actuellement, tant ici qu'à Neuf-Brisach, plus de deux mille prisonniers; « il en est resté dans les villages et dans les haies encore plus de cinq cents « blessés, qu'on ramène à tous moments, et quantité dispersés dans les bois « qu'on ramasse aussi.... J'ai presque tous leurs drapeaux, tous les étendarts, « deux paires de timbales, quatre pièces de canon et toutes leurs munitions de « guerre et de bouche. Les troupes du Roi ont si ardemment chargé l'ennemi « qu'elles ne l'ont point quitté qu'il n'ait eu repassé le Rhin à Neubourg et « cassé son pont de bâteaux, que je fais actuellement retirer du Rhin, dont « j'espère avoir plus des deux tiers.

mort de l'empereur Joseph Ier, survenue le 17 avril 1711, acheva de changer la face des choses. Ce prince ne laissait d'autre héritier que son frère Charles, le prétendant au trône d'Espagne. La nation anglaise devait-elle continuer à épuiser ses trésors et son sang pour reconstituer l'empire de Charles-Quint ? Tel était le grave sujet qui tenait à cette heure la diplomatie en suspens.

XXXI.

Au Même.

A Paris, le 31 may 1711.

Je pars demain pour Cambray, monsieur mon très-cher oncle, avec six hommes. J'ay fort bien retably mon petit équipage.

« Je ne puis, Monseigneur, assez louer MM. les comtes d'Anlezy et de Quadt, « maréchaux-de-camp, pour leur grande sagesse et ardeur de même que par « leur capacité, qui mérite, si j'ose le dire, un grade d'élévation par les services « utiles qu'ils viennent de rendre au Roi. J'en dis de même de MM. Desrozeaux, « de Marbœuf, Duvivier et Forsac, brigadiers, qui se sont en tous points « distingués... de même que M. de Conche, colonel refformé à la suite de « Bretagne, qui est celui qui a le premier pris poste dans la redoute qui couvrait « le pont de l'ennemi sur le Rhin, et je l'envoyai hier rendre compte verbalement « à M^r le maréchal d'Harcourt de tout ce qu'il avait vu.

. . . .

« Le général Breiner a été tué sur le champ de bataille. Il arrive présente« ment un trompette de Fribourg pour savoir des nouvelles du général Mercy, « qui n'est point encore arrivé audit Fribourg ; il n'est point parmi nous, il n'a « pas été reconnu parmi les morts, ainsi je crois qu'il s'est noyé ou sauvé au « travers de la forêt de Haardt avec partie du régiment de Breiner qui n'a « jamais pu gagner le pont, et qu'il se retirera par la Suisse ou par la Lorraine.

« Mr de Saint-Aulaire, colonel d'Enghien, a été tué....

« On a pris la cassette de M. le comte de Mercy où étaient ses papiers....

« Permettez, Monseigneur, que j'aie l'honneur de vous dire que j'ai une sensible « joie d'être le premier à vous mettre en état de porter au Roi une nouvelle « aussi agréable que celle-là l'est, pour les conséquences qui s'en seraient « suivies si les armes de Sa Majesté n'avaient pas été victorieuses en cette « occasion.... » (*Mémoires militaires relatifs à la succession d'Espagne*, t. IX, p. 250 et suiv. ; — Voir aussi la *Relation contenant la bataille gagnée par l'armée du Roy commandée par Monsieur le maréchal d'Harcourt.* (Plaquette de la Bibl. nat., Lb 37, 4353.)

J'arriveray à temps, car la reveüe de l'inspecteur n'est pas encore faite au régiment. Quoyque je sois des derniers, je ne suis pas le seul car il y a encore beaucoup d'officiers icy qui ne se pressent point de partir. Ma compagnie est encore, malgré mon dérangement, une des meilleures du régiment. Mr d'Argelos est allé aux bains de Bourbonne.

Les troupes ne sont pas encore assemblées. Il y a de si grands et différents intérêts présentement parmy nos ennemis, par la mort de l'Empereur, qu'ils auront je croy bien de la peine à en convenir, et cela les tient en suspens sur leurs projets.

Mr le chevalier de Lourdat (1), capitaine de cavalerie, qui partit d'icy le 27 de ce mois par le messager, pour aller à Pamiers, passant par Toulouse, a bien voulu se charger de vos lunetes pour les remettre au porteur de Puidarrieux; je les adresse à mon père, si bien que vous devez les recevoir le 15 de juin. Je souhaite, mon très-cher oncle, qu'elles puissent soulager la faiblesse de vostre veüe. Ne faites jamais de façon de me demander tout ce que vous aurez besoin de ce pays. Malgré l'éloignement, je feray en sorte de vous l'envoyer. Ne vous deffaites point des petites nipes que je vous ay laissé, car il en coûte fort cher pour se rétablir, comme je l'éprouve à présent, et on n'en trouve pas l'occasion. Je devois 4 ou 5 fers au Hautbois, je vous prie de les luy payer. Je payay la poste avant de partir. Donnez-moy quelque éclaircissement au sujet de Pierrot, comme je vous l'ay demandé.

Mandez-moy comme vous avez passé vostre temps avec le père Augustin, et s'il est toujours à Bonrepos; je luy écrivis de Cahors, il ne m'a point fait de réponce.

Mr de Coture, qui a la bonté de me tenir bonne compagnie dans ma prison, vous fait bien des compliments. J'en fais de même à

(1) Plusieurs membres de cette famille occupèrent des rangs distingués dans les armées de terre et de mer, au commencement du dernier siècle. Mais il s'agit ici sans doute du fils cadet de Jean III de Lordat, marquis de Lordat et du Lordadais, baron de Labastide et de Cazenave, et de Charlotte d'Orbessan. Il se nommait Jean-Baptiste et n'est autre probablement que celui porté dans l'*État de la France* du P. Ange, 1722, comme major du régiment de Lorraine-cavalerie, dont son frère Joseph, comte de Lordat, mestre de camp de cavalerie, était lieutenant-colonel. (Arch. de la maison de Lordat et *État de la France*, t. III, p. 493.)

toute la famille, et vous demande de leurs nouvelles à Cambray.

Mandez-moy le parti que vous avez tiré de votre cheval ; ils sont fort chers icy, aussi bien que toutes les autres denrées, à la réserve du vin qui diminue tous les jours.

Mr Maury fait bien des compliments à mon père, il m'a fait bien des amitiez.

M. l'abbé d'Antin (1), chanoine de Nostre-Dame, est le seigneur le plus gracieux qu'on voye ; c'est le cadet de tous, je ne l'avois veu que ce voyage-cy depuis le berceau.

Mgr le duc d'Antin est toujours à Marly ; cela fera que je ne le verray point avant mon départ.

Mandez-moy comme Mr Dubuc s'est tiré d'affaires, et faites-luy bien mes compliments. Je suis, monsieur mon très-cher oncle, vostre très-humble et très-obéissant serviteur.

SARAMÉA.

Les conférences pour la paix s'ouvrirent à Utrecht, entre la France et l'Angleterre, le 29 janvier 1712. Le prince Eugène dut se résoudre à entrer cette année en campagne sans son redoutable compagnon d'armes. Ce fut peut-être le salut de la France, au milieu des revers douloureux qui faisaient presque désespérer de sa destinée. La mort venait de frapper autour du trône le duc, la duchesse de Bourgogne et leur fils aîné le duc de Bretagne ; le moindre échec sur notre frontière entamée pouvait livrer aux ennemis le chemin de la capitale. Villars partit : ses forces étaient inférieures à celles du prince Eugène, dont le plan se révéla, le 17 juillet, par l'investissement de Landrecies. Il consistait

(1) Pierre de Pardaillan de Gondrin, abbé d'Antin, le dernier des fils du duc d'Antin. Il fut, dans la suite, chanoine capitulaire de l'église de Strasbourg, abbé de Lyre et de Montiramé, évêque et duc de Langres, et pair de France, membre associé de l'Académie des inscriptions et belles-lettres en 1717, honoraire en 1721. Il communiqua à l'Académie les inscriptions découvertes à Langres depuis deux siècles. (*Histoire de l'Académie des Inscriptions et Belles-Lettres*, vol. IX, p. 137.) Il mourut en 1733.

à s'emparer de cette place et à marcher sur Paris. L'armée ennemie fut divisée en trois corps; le premier, sous le prince d'Anhalt-Dessau, fit le siège de Landrecies; Eugène, à la tête du second, s'était réservé de couvrir les assiégeants; enfin le troisième, commandé par d'Albemarle, général anglais au service de la Hollande, fut posté dans un camp retranché, à Denain, pour garantir les convois qui allaient des magasins de Marchiennes au camp de Landrecies. Landrecies était donc l'objectif principal des opérations. La lettre ci-dessous, datée de cette place de guerre, le 24 juillet, jour même de la bataille de Denain, offre à cet égard un véritable intérêt.

XXXII.

A Monsieur de Saraméa a Toulouse pour Puyderieux.

(Timbrée d'Avesnes.)

A Landrecy (1), le 24e juillet 1712.

Vous serez bien aise, monsieur mon très-cher père, de sçavoir des nouvelles d'une place assiégée où est vostre fils. Je vous diray que nous fûmes investis, le 17 au matin, par un corps qui nous paroit estre de quinze mille hommes, dont il y a plus de cavalerie que d'infanterie, commandez par le prince d'Anhalt (2), qui passa la Sambre sur deux ponts, à l'abbaye de Marolles (3) et à Or (4); ils ont fait des lignes de circonvallation avec assez de diligence, soutenues par de bonnes redoutes. Ils ont fait aussi de bonnes redoutes pour se couvrir des insultes de la place, parce qu'ils font tous les jours de gros détachements pour observer l'armée de

(1) Place de guerre sur la Sambre, aujourd'hui chef-lieu de canton de l'arrondissement d'Avesnes.

(2) Léopold, prince d'Anhalt-Dessau.

(3) Maroilles, arrondissement d'Avesnes, canton de Landrecies.

(4) Ors, arrondissement de Cambrai, canton de Câteau.

Mr de Villars qui arriva le 22 au soir, la gauche au Câteau-Cambresis (1) et la droite à Femy (2).

Tout cela me fait espérer que les ennemis lèveront le siège d'eux-mêmes, et que, s'ils ne le font pas, nous serons secourus, auquel cas l'affaire est fort sérieuse de part et d'autre. La vigilance et l'habilleté des généraux y serviront de beaucoup.

Notre place est bien fortiffiée et bien munie, et gardée par neuf bons bataillons : Perche, 2 ; Languedoc, 2 ; Luxembourg, 2 ; Longrüe, 1 ; Artagnan, 1 ; Despaux, 1 ; et 2 comp^{es} franches de dragons, dont l'une commandée par le chevalier de Mesplez.

Je vous embrasse de tout mon cœur, mon très-cher père, et toute la famille (3).

SARAMÉA.

XXXIII.

AU MÊME.

(Timbrée Ar. de Flandre.)

Landrecy, le 3e août 1712.

Je reçois dans ce moment vostre lettre, monsieur mon cher père, je suis ravy de vous sçavoir en bonne santé et toute la famille, et que mon cousin de Lanespède travaille à rétablir sa santé. Vous me fairez bien plaisir de luy faire mes compliments et à toute sa famille. Il me paroit qu'il a grand raison de vouloir rentrer dans les droits de sa mère. Je voudrois bien qu'il trouvât un parti à pouvoir s'establir pour soutenir sa maison ; il est dans un poste à pouvoir dans les suites faire quelque chose pour les enfants qu'il pourroit avoir. Vous voylà présentement en repos du côté de

(1) Chef-lieu de canton de l'arrondissement de Cambrai.

(2) Fresmy, arrondissement de Vervins, canton de Nouvion (Aisne).

(3) On sait ce qui arriva. Villars au lieu de marcher sur les assiégeants, fit soudainement conversion à gauche, tomba sur le camp de Denain et culbuta d'Albemarle. Eugène accourut, mais trop tard. La France sauvée inscrivait à jamais le nom de Denain dans les fastes glorieux de son histoire.

Tilhouse, puisque M^r d'Estansan a transigé avec sa belle-sœur; j'en ay je vous assure bien de la satisfaction.

Puisque nous sommes assez malheureux pour avoir perdu ma cousine de La Comme, je souheterois fort que quelqune de mes sœurs peut luy succéder; outre que M^r de La Comme est un fort honeste homme, madame de Montaut est une personne que j'estime infiniment, et comme elle a bien des bontez pour nostre maison, je me persuade que si elle n'a pas de veües pour quelqu'une de ses proches parentes, elle pourroit bien agréer quelqu'une de mes sœurs pour sa niepce; vous luy devez une visite sur sa perte, et vous ne ferez point mal de la sonder là-dessus.

Puisque vous estes assez heureux pour avoir sauvé jusqu'à présent vos bestiaux, voicy un moyen pour vous en garantir: faites bien netoyer vos estables tous les jours, et faites des ouvertures dans les murailles du côté du nord ou du couchant (avec des fenestres pour l'hiver), les chaleurs contribuant beaucoup à les faire mourir.

Mr Maury loge chez Mr de Lalüe, rue de l'Arbre-sec, je ne sçay pas qu'il aye aucun employ.

Je vous ay mandé la levée du siège de cette place; voilà tout ce que je sçay de plus nouveau, et que le prince Eugène marche droit à Mons. Pour moy, je suis dans le même estat, je n'augmente ny ne diminue.

Je n'ay point receu de lettre de mon oncle depuis plus de quatre mois, vous me fairez bien plaisir de luy faire mes compliments et à toute la famille.

Je suis, monsieur mon cher père, vostre très-humble et très-obéissant serviteur.

SARAMÉA.

Nous allons à l'armée de Flandres où vous pourrez m'escrire.

XXXIV.

Au Même.

(Timbrée de Blaye.)

A Blaye, le 17e juillet 1715.

J'ay receu vostre lettre du 6, monsieur mon cher père, avec un fort grand plaisir, mais je suis vivement touché de la perte que nous avons faite du père Augustin et de la maladie de ma sœur [ce] que je vous prie de vouloir bien luy témoigner. Quand à moy je me porte fort bien, et suis icy fort agréablement, mais d'ailleurs dans une fort triste situation, comme mes camarades, estant obligez de loüer des logements et de subsister à nos dépens, n'estant point payez non plus que les soldats. J'ay placé mille francs à la loterie par un billet dont je ne sçavois que faire, et il m'en reste encore pour trois ou quatre cens francs, qui est tout le produit de trois hivers consécutifs. Les billets de la loterie sont de mille francs chaqun ; pour lesquels on nous promet 4 pour cent en rente viagère, et il y a d'ailleurs pour 140000 livres de bons billets tant en argent comptant qu'en rentes viagères, qui tomberont aux gagnans. La loterie est de dix millions. Cependant le public n'a pas beaucoup de foy pour cette loterie, puisque les billets perdent actuelement à Paris 90 pour cent.

Le roy demande actuelement le quint de tous les biens acquis depuis vingt ans, et on fait la recherche de la noblesse. Vous me fairez plaisir de rechercher dans vostre mémoire les noms de tous les gardes de la compagnie de Mr d'Espernon, avec les officiers que vous y avez veus, et de m'en envoyer l'estat.

Mr d'Argelos est mort à Paris et a laissé 200000 livres d'effects, dont la moitié pour nostre colonel qui est icy.

S'il vous tomboit quelque bon soldat entre les mains, vous me fairiez plaisir de me l'envoyer, mais ne donnez point d'argent, à moins qu'il ne soit de cognoissance. On fait tous les jours des banqueroutes épouvantables à Bordeaux. Mrs de Barbasan (1) et de Noguez ont passé icy avec des équipages magnifiques.

(1) Jean-Auguste de Mua, baron de Barbazan, seigneur de Sarniguet, lieutenant-colonel du régiment, mestre-de-camp général des dragons, sénéchal

J'ay fait vos compliments à M^r^ d'Astor (1). Je fais les miens à toute la famille, et suis, monsieur mon très-cher père, entièrement à vous.

SARAMÉA.

XXXV.

AU MÊME.

(*Timbrée de Paris.*)

Paris, le 25e novembre 1717.

Vostre lettre du 3e de ce mois, monsieur mon très-honoré père, m'a fait un plaisir très-sensible; je vous suis très-obligé de vostre souvenir et de vostre attention pour ce qui me regarde; et puisque Mr de Mansencome est dans la volonté de me payer pour M^r^ son nepveu, je suis fâché d'avoir fait la démarche que j'ay faite auprès de M^r^ le maréchal de Berwik (2), mais vous sçavez que c'est bien malgré moy. Mr de Molère doit avoir receu l'ordonance de M^r^ le maréchal; s'il ne l'a pas faite signifier, vous me fairez plaisir de luy mander qu'il attende de mes nouvelles là-dessus, et quand je seray à Bordeaux, je luy envoyeray le billet de M^r^ de St-Pastou sur lequel il recevra mon payement. J'ay une affaire à Bordeaux

de Bigorre, brigadier d'armée de la promotion du 1er février 1719. (*État de la France*, par le P. Ange, t. III, pp. 445 et 502), ou bien son frère Jean de Mua, capitaine dans le même régiment, commandeur de Saint-Louis, marié à Anne-Marie du Kergus. (Arch. mun. de Sarniguet, *Reg. paroiss.*) Ils étaient fils de Jean de Mua, conseiller au Parlement de Toulouse, et de Marie de Papus.

(2) Lieutenant de Roi à Blaye, originaire du château d'Aubarède, diocèse de Tarbes. Il était frère cadet de d'Aubarède, ancien lieutenant-colonel de Royal-Vaisseaux, gouverneur de l'île de Ré et lieutenant-général de la promotion du 3 janvier 1696, et de Jean-Michel d'Astorg d'Aubarède, chanoine régulier, archidiacre de l'église cathédrale de Pamiers, puis vicaire général, le siège vacant par la mort de François de Caulet, en 1680, et qui en cette qualité se signala par une résistance indomptable aux ordonnances royales, dans l'affaire de la Régale.

(1) Jacques Fitz-James, duc de Berwick, maréchal de France, fils de Jacques Stuart, duc d'York, et d'Arabella Churchill.

pour luy de pareille nature dont je compte de tirer parti et par là nous pourrons faire une compensation.

Je suis fort aise du bien qui est arrivé à Mr de Castetbaiac, et je le seray beaucoup si ma cousine de Tilhouse fait un bon mariage, parce que je le souhaite fort.

Mr de Coture qui s'est trouvé chez moy quand j'ay receu vostre lettre, m'a chargé de vous faire bien ses compliments, faites s'il vous plaît les miens à toute la famille et à tous nos amys, et croyez-moy toujours avec bien de l'attachement et du respect, monsieur mon très-cher père, vostre très-humble et très-obéissant serviteur.

SARAMÉA.

Gardez la lettre de Mr de Mausencome.

XXXVI.

AU MÊME.

A la Rochelle, le 2e avril 1722.

Je vous renvoye, monsieur mon très-cher père, Chevalier avec un cheval comptant que vous pourrez vous servir de l'un et de l'autre. Je souhaite que cela vous fasse plaisir et de pouvoir vous témoigner en toutes occasions, que je suis toujours entièrement à vous, et vostre très-humble et très-obéissant serviteur.

SARAMÉA.

J'embrasse toute la famille de tout mon cœur.

TABLE ANALYTIQUE

C

D

E

F

G

H

I

J

K

L

M

N

O

T

U

V

Y

FIN

AUCH. — IMPRIMERIE COCHARAUX FRÈRES, RUE DE LORRAINE. — 7-90

www.ingramcontent.com/pod-product-compliance
Lightning Source LLC
Chambersburg PA
CBHW052133090426
42741CB00009B/2065